当以心灵与诚实
献上礼拜

礼拜篇

李载禄牧师

"时候将到,如今就是了,那真正拜父的,要用心灵和诚实拜他,因为父要这样的人拜他。神是个灵(或无"个"字),所以拜他的,必须用心灵和诚实拜他。"
约翰福音4章23-24节

当以心灵与诚实献上礼拜
Worship in Spirit and Truth

在未获得乌陵出版社书面许可的情况下，不得对本书的内容进行制本、复印、电子传送等。

本书所引圣经经文取自《现代标点和合本》

作　　者: 李载禄
编　　辑: 宾锦善
设　　计: 乌陵出版社设计组
发　　行: 乌陵出版社（发行人: 金正宏）
印　　刷: 艺源印刷厂
出版日期: 2010年 6月初版（韩国，乌陵出版社，韩国语）
　　　　 2015年 4月初版（韩国，乌陵出版社）

Copyright © 2024 李载禄博士
ISBN 979-11-263-1364-8 03230
Translation Copyright © 2024

问 讯 处: 乌陵出版社
电　　话: 82-2-837-7632 / 82-70-8240-2072
E-mail: urimbook@hotmail.com

"乌陵"是旧约时代大祭司为了求问神的旨意放在决断胸牌里使用的器物之一，希伯来语意为"光"(出28: 30)

序言

什亭木（皂荚木）生长在以色列的旷野。这种树可以深深扎根到地下几十米处，通过寻找地下水来维持生命。乍一看，它似乎只能用作柴火，但论木质的坚硬度以及耐久力，它比其他任何树木都更胜一筹。

神让人用这种树制作约柜，并用黄金包裹，放在至圣所。至圣所是神临格的圣地，只有大祭司才能进入。同样，在充满生命力的神的话语中深深扎根的人，不仅受神重用，而且享受丰盛的祝福。

正如耶利米书17章8节记载："他必像树栽于水旁，在河边扎根，炎热来到，并不惧怕，叶子仍必青翠，在干旱之年毫无挂虑，而且结果不止。" 在这里，"水"在属灵上意味着神的话语，那些蒙受神如此祝福的人必会珍惜宣讲神话语的礼拜。

礼拜是向神表示敬意和敬拜的仪式。这是一个将尊崇、赞美和荣耀归于神的仪式，也是向神表示感谢的仪式。无论是在旧约时代还是如今，神同样寻找以心灵与诚实向神献上礼拜的人。

　　有关这礼拜，旧约圣经利未记里详细记载着。有人说这是旧约时代的祭祀法，与我们并无关联，但事实并非如此。因为旧约时代献祭条例中蕴含的意义，在今天的礼拜中同样的呈现。和旧约的祭祀一样，新约时代的礼拜也是遇见神的一种方式。只有领会毫无瑕疵献上的旧约祭祀法中蕴含的属灵意义，我们才能献上心灵与诚实的礼拜。

　　这本书通过查考旧约的祭祀法：燔祭、素祭、平安祭、赎罪祭以及赎愆祭，具体告诉新约时代的我们，旧约的祭祀法里蕴含的教训和意义，以及我们应该如何礼拜和侍奉神。特别是为了帮助读者理解祭祀法，对会幕的全景、圣所、至圣所内部和器具等的说明，并以彩色画报的形式展现给读者。此外，在专栏(Column View)中还介绍了通过献上属灵敬拜生命得到更新，生活蒙得祝福的圣徒们的见证。

　　神说："所以你们要圣洁，因为我是圣洁的。"（利11:45；彼前1:16）神切愿我们完全理解利未记中记载的祭祀法，来活出圣洁的人生。愿读者能清楚了解旧约的祭祀和新约的礼拜，借此检查自己的礼拜态度，从此献上神所悦纳的礼拜。正如所罗门献上一千燔祭得蒙神的喜悦一样，愿读者能以爱和感恩的馨香，献上心灵与诚实的礼拜，得蒙神的重用，并像栽在溪水旁的树一样，享受丰盛的祝福，奉主的名祝愿大家！

2010年2月
李载禄牧师

目录
当以心灵与诚实献上礼拜

序言

第一章
神所悦纳的属灵礼拜　1

第二章
利未记中显明的旧约的祭祀　17

第三章
燔祭　43

第四章
素祭　67

第五章
平安祭　　83

第六章
赎罪祭　　95

第七章
赎愆祭　　111

第八章
将身体献上，当作活祭　　123

第一章

神所悦纳的属灵礼拜

神是个灵（或无"个"字），所以拜他的，
必须用心灵和诚实拜他。

约翰福音4章24节

旧约的祭祀与新约的礼拜

原来第一人亚当可以与神清晰交通，但自从受撒但的诱惑犯罪以后，与神的交通隔绝了。为此，神给亚当和他的后裔预备了罪蒙赦免和得救的道路，并开辟了与神交通的通道。神施恩预备的这通道就是旧约时代的祭祀。

旧约时代的祭祀并不是人们苦思冥想编出来的方法，而是神亲自教导和启示的方法。我们可以从利未记1章1节："耶和华从会幕中呼叫摩西，对他说"的记载中得以看出，也可以从亚当的儿子亚伯和该隐献祭与神的记载中推测出。(创4:2-4) 祭祀的种类按其意义可分为燔祭、素祭、平安祭、赎罪祭和赎愆祭；献上的供物也根据罪的轻重和情节有一定的等次之分，如：牛、羊、山羊、鸽子、面粉等。另外，主持祭祀的祭司要生活节制，举止端正，穿着圣洁的以弗得，并按照规定的方式献上精心准备的祭物。如此，祭祀是需要遵循复杂、严谨的形式和程序的外在行为上的仪式。

在旧约时代，每当人犯罪时都要宰杀牲畜，用其血献赎罪祭，罪才能得到饶恕。然而，年复一年献上的牲畜的血，并不能完全解决人的罪。这只是一种暂时的赎罪，而不是一劳永逸的。因为只有人的生命，才能完全赎人的罪。

哥林多前书15章21节记载："死既是因一人而来，死人复活也是因一人而来。" 这就是为什么神的儿子耶稣披戴肉身来到这地上，虽然他没有任何罪过却在十字架上洒下了宝血。既然耶稣当作牺牲祭物一次被献（来9:28），从此就无需再遵循复杂严谨的程序献上血祭了。

希伯来书9章11-12节记载："但现在基督已经来到，作了将来美事的大祭司，……并且不用山羊和牛犊的血，乃用自己的血，只一次进入圣所，成了永远赎罪的事。"正如这句经文，耶稣成就了永远赎罪的事。

如今，我们因着耶稣基督，可以堂堂正正地来到神面前献上圣洁的活祭，而不是血祭。这就是新约的礼拜。因为耶稣被钉十字架流下宝血，献了一次永远的赎罪祭（来10:11-12），我们的罪借此得以代赎，但凡从心里相信这一事实，而接待耶稣基督的人，都可以罪得赦免。这并不是行为上的仪式，而是发自内心相信的信心的行为，是神所悦纳的圣洁的活祭，是属灵的礼拜（罗12:1）。

但这并不意味着旧约的祭祀被废除了。若说旧约是影子，那么新约就是实体。就像所有旧约的律法，在新约里因着耶稣变得完全一样，旧约的祭祀法也不例外，它在新约里变得更加完整。在新约时代，只有其形式发生了变化而已，献祭的形式改变成礼拜的形式。正如，当献上无瑕疵、洁净的祭物时，旧约的祭祀才会被神悦纳一样，新约的礼拜也当以心灵与诚实献上，才能蒙神悦纳。旧约时代严谨的祭祀形式和程序，不仅仅强调外在的仪式，更具有深层的属灵含义。如今它作为一个指标，检验我们向神献上礼拜的态度。

首先，我们要对在邻舍、弟兄或神面前犯下的过犯进行补偿，用此行动来弥补我们的过错，以表承担责任（赎愆祭）；然后回顾一周的生活，承认自己的罪并请求宽恕（赎罪祭）；然后以洁净的心虔诚地献上礼拜（燔祭）。当我们精心准备礼物以感谢神一周看顾保守的恩典（素祭），以及竭尽全力献上表达特别心愿的礼物（平安祭），得蒙神的喜悦时，神会成全我们的心愿，并给予我们战胜这世界的力量和能力。如此，新约的礼拜包含了旧约各种祭祀的意义。关于旧约时代的祭祀法，我们将在第3章开始具体说明。

心灵与诚实献上的礼拜

约翰福音4章23-24节记载："时候将到，如今就是了，那真正拜父的，要用心灵和诚实拜他，因为父要这样的人拜他。神是个灵（或无"个"字），所以拜他的，必须用心灵和诚实拜他。"这是耶稣在经过撒玛利亚地区，来到"叙迦"城时，对在井边遇到的妇人说的话。妇人向跟自己要水的耶稣询问了平时好奇的有关礼拜场所的问题（约4:19-20）。

当时犹太人在圣殿所在的耶路撒冷献祭，但撒玛利亚人在基利心山上献祭。在所罗门儿子罗波安时期，以色列被分为南北两国后，北以色列为了阻止百姓去耶路撒冷圣殿，便在那里建造了邱坛。知道这一事实的女人很好奇究竟应该在哪里做礼拜。

对于以色列百姓来说，礼拜场所具有重要意义。圣殿是神临格的地方，因此被分别为圣，而且他们深信圣殿是宇宙的中心。然而，用怎样的心献上礼拜比在哪里做礼拜更为重要，所以耶稣在表明自己是弥赛亚的同时，也提醒了如今要更新对礼拜的认识。那么，究竟何为心灵与诚实献上的礼拜呢？以心灵献上的礼拜是指，在圣灵的感动感化充满当中，将圣经66卷话语当作灵粮，与住在我们心里的圣灵一起由衷地献上的礼拜。以诚实献上的礼拜是指，先对神有正确的认识，同时以爱神的心来尽心尽意尽赤城，尽身心灵来向神献上喜乐感恩祷告赞美，并以真诚的行为和诚心的供物来向神献上的礼拜。

神看中的并不是我们的外貌，也并不以献上的供物的多少来悦纳，而是根据各自在所处的情况下，多么诚心诚意的献上来衡量。神悦纳的是精心准备而献上的礼拜和甘愿献上的供物，并应允其心中的心愿。但是，神并不悦纳无礼的礼拜和在意别人的眼光而无奈献上的没有诚意的供物。

为要献上神所悦纳的礼拜

新约是耶稣基督完成所有律法的时代，那么，生活在新约时代的我们，更应该献上更加完全的礼拜。耶稣基督以爱完全了律法，祂赐给我们的最大的诫命就是爱，而礼拜就是我们爱神的由衷地表现。有些人虽在口里告白爱神，但看其礼拜姿态会感到诧异是否真的爱神。

我们哪怕拜见年长的人，也会端其行、正其心。就是选一件礼物也会精挑细选，送出最精美的礼物。更何况，神是宇宙万物的创造主，是配得一切被造物的荣耀和赞美的尊贵的一位。因此我们要向神献上心灵与诚实的礼拜，为此我们绝不能在神面前有无礼的举动。我们应该要仔细查验自己是否在不知不觉中有无礼的行为，从此以后我们要尽身心，尽赤城向神献上礼拜。

礼拜时间不能迟到

做礼拜是承认看不见的神的属灵主权的行为，当我们按照神所指定的形式和法度献上礼拜，就等于是心里承认神。因此，无论出于什么原因，礼拜时间迟到是在神面前无礼的行为。

礼拜时间是献给神的时间，这是约定俗成的事实，所以我们应当在礼拜开始前到达礼拜场所，并以祷告调整心态，做好礼拜的准备。即使我们与总统见面，也会提前精心准备并等待。更何况，去见与之无法相比的大而荣耀的神，我们怎么可以迟到或掐时踩点匆匆忙忙地赶到呢！

礼拜时间当专心听道

牧者是神膏油建立的主仆，相当于旧约时代的祭司。牧者是代替神在圣洁的讲台上宣讲话语的，是引导羊群走向天国的向导。因此，对牧者的无礼或不顺从的行为，神视其行为是对神的无礼和不顺从。

从出埃及记16章8节的记载可以得知，当出埃及的以色列百姓埋怨和敌对摩西时，神说这不是向摩西做的，乃是向耶和华做的。另外，在撒母耳记上8章4-9节记载，当百姓不顺从先知撒母耳时，神也说这不是向人做的，而是向神做的。因此，当牧者在代替神传讲话语时，跟旁人低声细语，或者心里充满杂念，等于是对神的轻慢无礼。

另外，礼拜时间打盹或瞌睡也是无礼的表现。若一个部长在总统主持的会议上打盹，该是多么无礼的行为！同样，你若在本应该以心灵与诚实献上礼拜的主身体的圣殿里打盹或瞌睡，就是对神、对牧者、对信心的弟兄无礼的表现。

带着受伤的心参加礼拜也是不合宜的，即心里没有感恩与喜乐，在担心忧虑中献上礼拜，神也不悦纳。因此，我们当带着天国的盼望，期待神透过礼拜给予我的话语，以感谢主救赎的恩典与爱的心参与礼拜。另外，打扰或招呼向神祷告的人，也是无礼的举动。鲁莽插嘴打断长辈谈话尚且不可以，更何况是妨碍以祷告与神交通中的人呢！

不可喝酒吸烟之后出席礼拜

作为初信徒，因信心软弱而不能戒掉烟酒，神并不认为其有罪。但是，已经接受洗礼而有职分的人，仍然喝酒抽烟，那么这在神面前是无礼的表现。另外，即使是初信徒，参加礼拜时也不应该喝酒抽烟。

通常，不信神的人也认为去教会时不应该喝酒抽烟，这是理所应当的。若想一想抽烟喝酒引发的无数的问题和罪恶，也能用真理分辨出作为神的儿女理应怎么做。烟酒对身体有害是不容置疑的，香烟会诱发各种癌症，醉酒会使人语无伦次，口齿不清，行为混乱。烟酒不能助人树立作为神儿女的榜样，反而会遮掩神的荣耀。因此，若真正有信心，就应该迅速脱去这种旧习。即使是初信徒，也要尽全力去离弃这种陋习，这才是对神竭尽礼仪。

不能破坏礼拜氛围

圣殿是在神面前献上赞美、祷告和礼拜的圣洁的场所。在分别为圣的圣殿里礼拜时，若放任小孩子哭闹戏耍，圣徒们就不能全心全意地献上礼拜，故此这也是对神无礼的表现。

另外，在圣殿里大声吵闹，谈论商务或娱乐也属于无礼的行为。礼拜时间嚼口香糖，或与旁人说说笑笑，礼拜途中起身离席也都是无礼的表现。参加礼拜时的仪表也有不符合礼仪的，比如：戴帽子，穿T恤或运动服，拖着拖鞋做礼拜也是失礼的表现。虽说外貌并不重要，但通过外貌可以看出此人的心志和衷心，也可以体现出此人准备礼拜的诚意。

如此，只有正确理解神是怎样的一位，祂向我们要的是什么，我们才能献上神所悦纳的属灵礼拜。当我们献上神所要的礼拜，即心灵与诚实献上礼拜时，神会赐予我们领悟的能力，使我们将神的话语铭记于心，并帮助我们通过行为结出果子，在我们的生活中也给予惊人的恩典与祝福。

以心灵与诚实礼拜的人生

当我们献上心灵与诚实的礼拜,我们的人生会日新月异。神切愿我们的人生成为以心灵与诚实敬拜神的人生。那么,为了献上神所悦纳的属灵礼拜,我们在生活中该怎么做呢?

要常常喜乐

真正的喜乐,不仅是在有开心事的时候喜乐,而是在痛苦和艰难的处境中,也能从心里涌出来的喜乐。我们迎接救赎主耶稣基督本身就是我们常常喜乐的条件。因为耶稣基督亲身担当了我们的一切咒诅。

耶稣基督为了拯救只能走向灭亡的我们,流出宝血代赎了我们所有的罪,亲身担当了贫穷和疾病,并解开了眼泪、痛苦、忧虑、死亡等一切凶恶的捆绑。祂也打破了死亡权柄,复活得胜,以此给予我们复活的盼望,让我们拥有了真正的生命和美丽的天国。

如果你凭信拥有了喜乐之泉源的耶稣基督,开心喜乐是理所应当的。因为有美好的永生的盼望,相信将会得到永远的幸福,所以即使没有裹腹的食粮,家庭遭遇困境,生活中患难逼迫丛生，这些现实中的境遇都跟你毫无相关。如果充满在我内心的神的爱不变，天国盼望不动摇，喜乐就绝不会消失。如此，心中充满神的恩典和天国盼望，无论何时，喜乐像泉水一般涌出时，困难将会更快转化为祝福。

当不住地祷告

不住地祷告有三种意义。首先，照常祷告。耶稣在事工期间寻找安静的地方，照常祷告。但以理一天三次照着规律祷告。彼得和使徒们也遵守了祷告时间。我们也要常常遵照习惯填满祷告的量，防止圣灵的油枯竭。只有这样，当献上礼拜时，才能领悟神的话语，得到遵行话语生活的能力。

其次，随时在圣灵里祷告。除了我们照常祷告的时间外，有时圣灵也会强烈的主管心，让人做祷告。这时，如果顺从祷告，有时可以避免遇到某种困难，有时可以从意外事故中得到保守，我们经常可以听到这种特别的见证。

最后，昼夜思想神的话语。这意味着无论在哪里，无论与谁，无论做什么，心中始终要有真理，并且要让真理活泼地运行。

祷告就像灵的呼吸。当我们停止呼吸就会死一样，当我们停止祷告，灵就会衰弱，并渐渐死去。不只是在指定的时间呼求祷告，还有昼夜思想神的话语并遵行时，才能说是不住地祷告。如此，当神的话语驻留在其心中，与圣灵时常有交通并能得到圣灵清晰的引导时，凡事会亨通。

正如"你们要先求他的国和他的义"一样，当我们先求神的国，即为了神的旨意成就和灵魂得救而祷告，神就会给予我们更大的祝福。但是，有的人在遇到困难或自身解决不了的问题时才祷告，一旦平安了就停止祷告；圣灵充满时热心祷告，没那么充满就停止祷告。

我们要时常尽心尽意向神献上神所悦纳的祷告的馨香。若强行挤出祷告词，或只是为了填满时间而与困倦和杂念争战，那么，这祷告时间该是多么令人疲惫不堪的时间呢！若说有一定信心的人，却在与神对话的事情上感到负担或累，就会很难说出爱神的告白。如果有人觉得"从灵里看我的祷告被堵住了"或"我的祷告好像停滞了"，那么就该查验自己有多少感恩喜乐。如果心中充满喜乐和感恩，就一定会在圣灵的充满中献上祷告，祷告也不会停滞不前，而是会突破进深到更深的层次。不是因为累而无法祷告，反而越是累的时候，就会越渴慕神的恩典，越是恳切地呼求，求得神的能力，借此一步步成长为更大的信心。

如此发自内心不停地呼求，祷告的果子就会结得累累。

无论遇到任何的熬练，根据你怎样坚守了祷告时间，并尽心尽意地呼求，信心与爱的属灵深度就会相应加深，不但熬练容易通过，也会给别人带来恩典。因此，我们当在喜乐和感恩中不住地祷告，在灵肉间得蒙应允结出美好的果子。

当凡事谢恩

大家有什么样的感恩条件呢？最重要的感恩条件是，曾经只能死亡的我们能够得到救恩进入天国，其次感谢赐予我们日用的饮食和健康，除外的一切其实都是感恩的条件。另外，无论遇到怎样的苦难和熬练，我们能够献上感恩是因为我们相信全知全能的神。

神对我们的处境和状况了如指掌，祂也听我们所有的祷告。无论在什么样的熬练中，只要信靠神到底，神会借此熬练，终究引导我们成为更加美好的样式。

如果真正信赖神，不仅在因主的名遭受苦难时，即使在因自己的错误或不足而遭受熬练时，也只能献上感谢。越是有不足，就越能感谢神的能力使不足变得完全，使软弱变得强壮。现实越是困难，就越能感谢信靠神而得到的祝福。当如此凭信心感恩到底时，终究凡事互相效力，困难转为祝福。

常常喜乐、不住地祷告、凡事谢恩，这是查验我们信仰生活的一个尺度，助我们检查灵肉间结出了多少果子。无论在任何情况下，为了喜乐而努力了多少，播撒了多少喜乐的种子，寻找了多少感恩的条件，发自内心感恩了多少，就会收获多少喜乐和感恩的果子。祷告也是如此，根据我们尽心尽力祷告了多少，就会收获多少祷告的能力和应允的果子。

愿大家常常喜乐、不住地祷告，凡事谢恩（林前5:16-18），以此献上神所悦纳的属灵礼拜，灵肉间结出硕果。

第 二 章

利未记中显明的旧约的祭祀

耶和华从会幕中呼叫摩西，对他说，
你晓谕以色列人说：你们中间若有人献供物给耶和华，
要从牛群羊群中，献牲畜为供物。

——✦——

利未记1章1～2节

利未记的重要性

通常认为圣经中新约的启示录和旧约的利未记是最难理解的部分。因此，在阅读圣经时，有些人会跳过这一部分，有些人会认为旧约时代的祭祀法与今天的我们毫不相干。若真是与我们不相关的内容，神就没有理由记录在圣经里赐给我们。不仅是新约，旧约中的所有话语，都是在我们的信仰生活中必不可少的，所以神才记录在圣经里（太5:17-19）。

旧约时代的祭祀法，到了新约时代，并没有取其精华，去其糟粕。就像所有的律法一样，旧约的祭祀法也是因为耶稣，到了新约时代变得完全。旧约的祭祀相当于今天的礼拜，我们来到神的圣殿里献上礼拜的所有程序中，涵盖了旧约祭祀法的意义。如果我们清晰明白旧约的祭祀法和其意义，就会领悟我们该如何礼拜，如何服侍神。这是得以遇见神，经历神，得到神祝福的快捷方式。

利未记是适用于信神的所有人的重要话语。彼得前书2章5节记载："你们来到主面前，也就像活石，被建造成为灵宫，作圣洁的祭司，藉着耶稣基督奉献神所悦纳的灵祭。"就如这经文，通过耶稣基督得救的人，谁都可以像旧约时代的祭司一样，可以直接到神面前。

利未记大致分为两大部分，前半部分的内容是关于我们的罪如何得赦，即有关赦罪的祭祀法，以及神与百姓之间负责祭祀的祭司的资格和义务。后半部分详细记录了被神拣选的圣洁的百姓不该犯的罪。因此，任何信神的人，都应该明白利未记中记载的神的旨意，即如何维持与神的神圣关系。

利未记中记载的祭祀法说明了我们应该如何礼拜的方法。今天我们通过礼拜遇见神，得到应允和祝福，同样，在旧约时代，人们通过献祭罪得赦免，体验神的作工。耶稣基督以后，圣灵来到我们心里，我们通过献上心灵与诚实的礼拜，可以在圣灵的作工当中得以与神交通。

希伯来书10章1节记载："律法既是将来美事的影儿，不是本物的真像，总不能藉着每年常献一样的祭物叫那近前来的人得以完全。"有本体就必有影子。今天我们通过耶稣基督得以献上礼拜是本体，旧约通过祭祀延续与神的关系就是影子。

但是，献给神的祭祀必须按照神指定的规矩献上。如果人随己意献上，神不会接受，这一点我们可以从创世记4章的记载得知。该隐和亚伯都向神献祭，但神悦纳了遵照神的旨意献上的亚伯的祭，却没有接受凭自己的想法献上的该隐的祭。

今天的礼拜也一样，有合乎神心意的方法，若脱离这个方法，就与神无关。得蒙神应允和祝福的礼拜，神所愿的礼拜是怎样的礼拜，其实质性内容就包含在利未记的祭祀法中。

神从会幕中呼叫摩西

利未记1章1节记载："耶和华从会幕中呼叫摩西，对他说"。会幕是出埃及以后停留在旷野的以色列百姓支搭的随时移动的圣殿。神就在这会幕里呼叫摩西。会幕一般是指由圣所和至圣所组成的帐幕（出30:18，30:20，39:32，40:2），也指帐幕的院子和围着院子的一切器具（民4:31, 8:24）。

出埃及的以色列百姓在前往迦南地的途中，长期过着旷野生活，所以随时移动是必不可免的。出于这个原因，作为向神献祭的场所，即圣殿也不能建造为固定建筑物，只能建造成便于移动的帐篷，所以也被称为帐幕圣殿。

出埃及记35-39章对帐幕建筑进行了详细介绍。神亲自告诉摩西有关帐幕的结构和建筑材料。当摩西告诉会众建筑帐幕所需的材料时，百姓甘心乐意拿来用于建造帐幕的金、银、铜、各种宝石、蓝色、紫色、朱红色线、细麻、山羊毛、染红的公羊皮，海狗皮等，富富有余，以致摩西禁止百姓不再拿礼物来（出36:5-7）。

如此，帐幕是以以色列全会众甘愿献上的礼物建造而成的。以色列百姓出埃及后像逃亡者一般踏上了前往迦南的征程，在这漫长旅途中，建造帐幕的费用对他们而言肯定是一笔不少的费用。他们既没有房子，也没有土地，也不能靠种地积攒财产。他们一心只期待当神的处所预备好后，神会住在他们中间的承诺，以喜乐之心承担了所有费用和辛苦。

对于在埃及饱受严重虐待和苦役的以色列百姓而言，最为迫切的是从艰苦的奴隶生活中彻底解放。为此，神拯救他们出埃及后，命他们建造帐幕，以便与他们同在。他们没有理由耽搁，就这样帐幕是以以色列百姓甘心乐意奉献的基础上建立起来的。

会幕内有圣所，经过圣所进入里面有至圣所，这是极其神圣的地方，至圣所里面有神的法柜（约柜）。法柜里放置了神的话语，故此，法柜在哪里，证明神的同在也在那里。虽然整个圣殿都是神的殿，都是神圣的地方，但至圣所是特别指定为分别为圣的。那里只允许大祭司进去献祭，而且是一年仅此一次。普通百姓是无法进入圣所或至圣所内，因为罪人是绝不能就近神。

但在今天，由于耶稣基督，我们所有人都被允许能到神面前。马太福音27章50-51节记载："耶稣又大声喊叫，气就断了。忽然，殿里的幔子从上到下裂为两半，地也震动，磐石也崩裂。" 耶稣为了代赎我们的罪，舍身死在十字架上时，挡在至圣所和我们之间的幔子被撕裂为两半。

对此，希伯来书10章19-20节记载："弟兄们，我们既因耶稣的血得以坦然进入至圣所，是藉着他给我们开了一条又新、又活的路从幔子经过，这幔子就是他的身体。"耶稣献身而死，幔子裂为两半，这意味着阻隔神与我们之间的罪墙被拆毁了。从此，凡是相信耶稣基督的人都能罪得赦免，得以来到圣洁的神面前。以前只有大祭司才能来到神面前，现在我们也可以直接来到神面前与神交通。

会幕的属灵意义

那么，会幕对于如今的我们有什么属灵意义呢？会幕是今天圣徒们礼拜的教会，圣所是接待耶稣为救赎主的我们的身体，至圣所是圣灵居住的我们的心。哥林多前书6章19节记载："岂不知你们的身子就是圣灵的殿吗？这圣灵是从神而来，住在你们里头的；并且你们不是自己的人。" 当我们接待耶稣为救赎主，神就会赐下圣灵作为礼物住在我们心中。因此，圣灵居住的我们的心和身体是圣洁的圣殿。

哥林多前书3章16-17节记载："岂不知你们是神的殿，神的灵住在你们里头吗？若有人毁坏神的殿，神必要毁坏那人，因为神的殿是圣的，这殿就是你们。"我们要时刻守护和保持看得见的神的圣殿干净圣洁，同样，圣灵居住在我们身心的圣殿也当时刻保持洁净圣洁。

正如神说"若有人毁坏神的殿，神必要毁坏那人"，即使是领受圣灵的神的儿女，如果继续犯罪玷污自己，圣灵就会被消灭，以致无法得救。只有洁净圣灵居住的圣殿，即我们的心和行为，我们才能得到完全的救恩，并与神深入交通。

因此，神从会幕中呼叫摩西意味着今天圣灵在我们里面呼叫我们，并与我们进行交通。如果是得救的神的儿女，理当能与父神交通。为此要时常靠圣灵祷告，也要以心灵与诚实，与神真正建立交通中献上礼拜。

旧约时代，人们因罪无法与圣洁的神交通，因此只有大祭司才能进入会幕内的至圣所向神献祭。但如今，只要是神的儿女，任何人都可以进入圣殿礼拜祷告并与神交通。这是因为耶稣基督代赎了所有的罪。

当我们接待耶稣基督，圣灵就会住在心里，将我们的心当作至圣所。如同神从会幕中呼叫摩西一样，圣灵也在我们心中召唤我们，希望与我们交通。圣灵让我们听到圣灵的声音，主管我们生活在真理当中，并让我们认识神。若想听清圣灵的声音，必须脱去心里的罪恶，成就圣洁。若我们成就圣洁，我们就能听清圣灵的声音，灵肉间也会溢满祝福。

会幕的形态

会幕的结构非常简单。进入会幕必须穿过东侧约9米宽的出入口。走进会幕的院子，首先经过的是铜制的燔祭坛，这个燔祭坛和圣所之间有洗濯盆。经过洗濯盆就能到达会幕的中心——圣所和至圣所。

由圣所和至圣所组成的帐幕的大小是，宽4.5米，长13.5米，高4.5米。建筑的根基是用银制作的，墙壁是用镀金的洋槐树（皂荚木）柱状木板拼接而成，帐幕的罩棚是用四层盖子遮盖着，分别是绣上基路伯的幔子，山羊毛做的幔子，公羊皮和海狗皮。

圣所和至圣所隔着绣有基路伯的幔子。圣所的大小是至圣所的两倍，圣所里有精金包裹或精金制作的陈设饼桌子，灯台和香坛。至圣所里有耶和华的法柜（约柜）和施恩座。

让我们重新整理一下：第一，至圣所是神临格的神圣的地方，里面有神的法柜，法柜上面有施恩座。大祭司在一年一次的大赎罪日进入至圣所，将血洒在施恩座上，以此替百姓赎罪。至圣所的一切都是用精金装饰的，法柜里有记录十诫的两块石板，盛吗哪的罐子，以及亚伦发过芽的杖。

第二，圣所是祭司献祭的地方，有精金制作的香坛，灯台和陈设饼桌子。

会幕结构

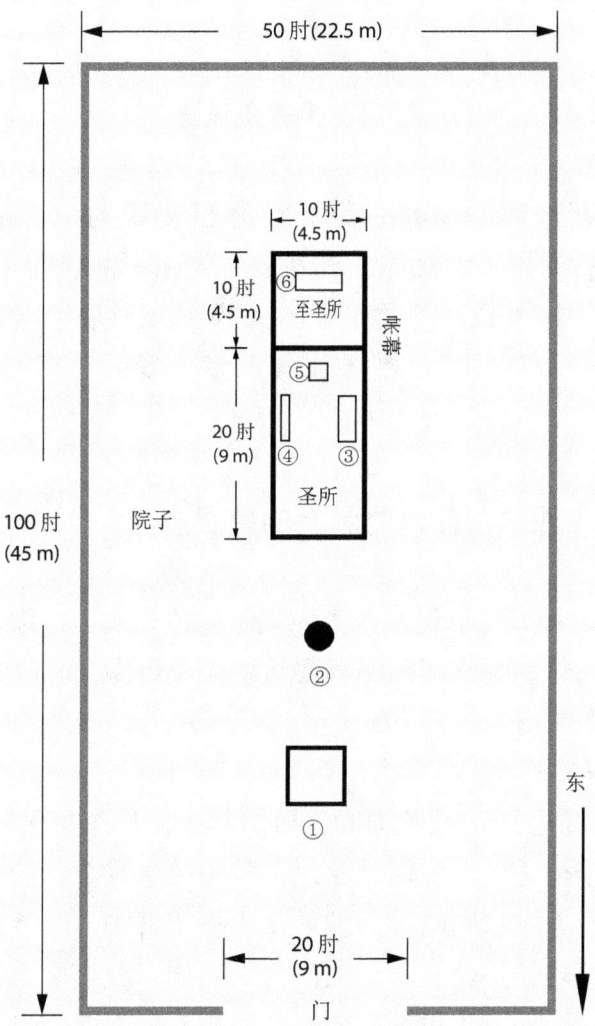

长度和尺寸
院子：100*50*5肘
门：20*5肘
帐幕：30*10*10肘
圣所：20*10*10肘
至圣所：10*10*10肘
（* 1肘约45厘米）

器具：
1) 燔祭坛
2) 洗濯盆
3) 陈设饼桌子
4) 灯台（金灯台）
5) 香坛
6) 法柜（约柜）

第三，洗濯盆是盛水的铜器，以便出入圣所的祭司和出入至圣所的大祭司洗手脚再进去。

第四，燔祭坛是供祭司焚烧祭物用的坛，故此用耐火的铜做成。燔祭坛的火是帐幕完成时神亲自降下来的（利9:24）。神命坛上的火要在其上常常烧着，不可熄灭，并每天早晚要在其上献一岁的羔羊为祭（出29:38~43，利6:12-13）。

以牛或羊当作供物献上的属灵意义

利未记1章2节记载："你晓谕以色列人说：你们中间若有人献供物给耶和华，要从牛群羊群中，献牲畜为供物。"

神的儿女在做礼拜的同时还会献上许多供物，诸如：十分之一、感谢、建筑，救济等奉献金。但是，神说若有人献供物给神，就要从牛群羊群中，献牲畜为供物。这句话语蕴含着属灵的含义，所以我们今天不能拘泥于字面的意思去做，而是要懂得其属灵的含义，当按照神的旨意去做。

那么，在牲畜即活着的家畜里挑供物在属灵上意味着什么呢？这意味着我们当以心灵与诚实做礼拜，献上

会幕全景

会幕全景

院子里有燔祭坛，洗濯盆还有帐幕，周围围着用捻的细麻作的帷子。进入帐幕的门在东边只有一个，这象征着唯一的救赎之门——耶稣基督。

罩棚盖

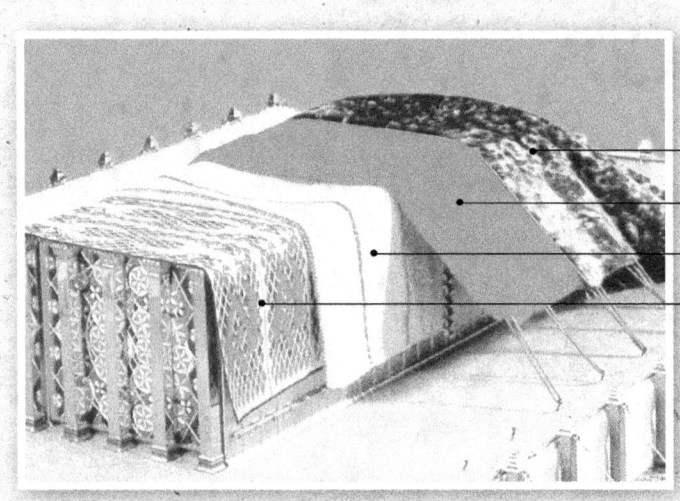

海狗皮
公羊皮
山羊毛做的幔
绣上基路伯的幔子

罩棚盖

罩棚由四个盖子重叠悬垂着。
最下面是绣上基路伯的幔子，其上是山羊毛做的幔子，
其上是染红的公羊皮，顶盖是用海狗皮做的盖子。图片是为了便于
看清而剥开摆放的。

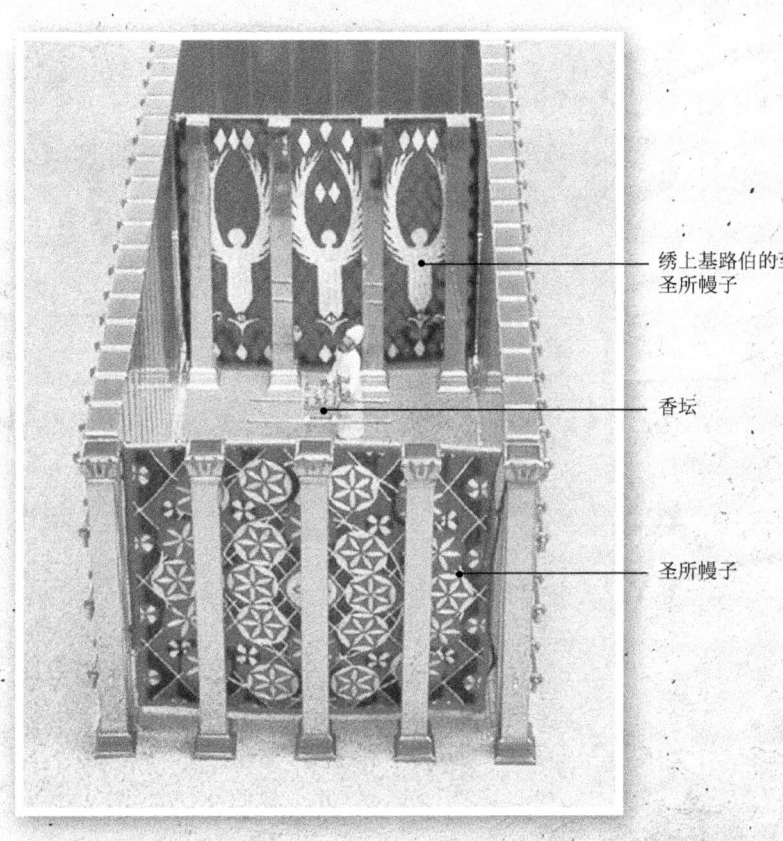

绣上基路伯的至
圣所幔子

香坛

圣所幔子

揭开盖子看圣所

前面有圣所的幔子，后面有烧香的香坛和至圣所的幔子。

圣所内部

- 香坛
- 灯台
- 陈设饼桌子

圣所内部

圣所中间有金灯台和陈设饼桌子，后面有烧香的香坛。

香坛

陈设饼桌子

灯台

至圣所内部

至圣所内部

图为便于看清至圣所内部，拆除圣所背面墙壁后的样子。
有法柜和施恩座，后面有至圣所幔子。
身穿白衣的大祭司一年一次进入至圣所，洒上赎罪的血。

法柜和施恩座

至圣所里有精金包裹的法柜和法柜上面的施恩座。

施恩座指的是法柜的盖子(出25:17-22),每年在那里洒一次血。

施恩座的两头安有两个基路伯,用高张的翅膀遮掩施恩座(出25:18-20)。

法柜里有记录十诫的两块石板,盛吗哪的罐子,以及亚伦发过芽的杖。

大祭司的圣衣

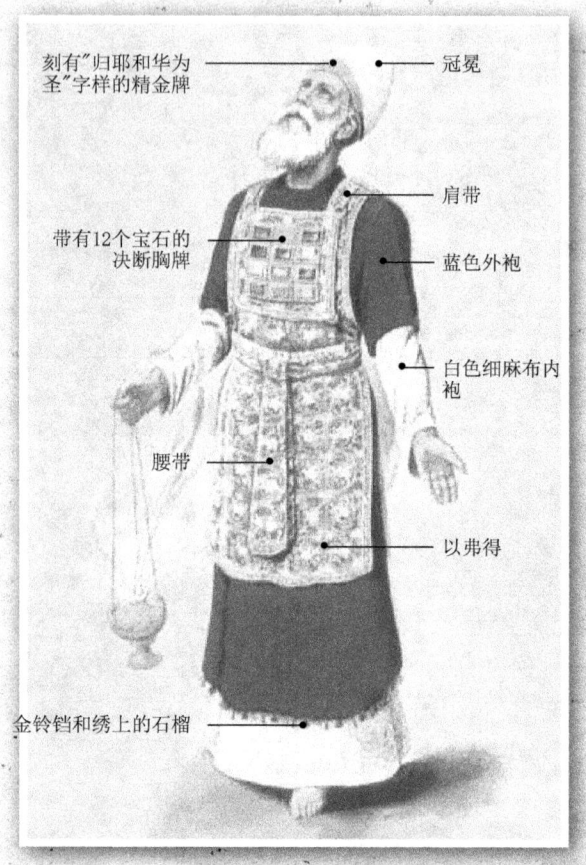

- 刻有"归耶和华为圣"字样的精金牌
- 冠冕
- 肩带
- 带有12个宝石的决断胸牌
- 蓝色外袍
- 白色细麻布内袍
- 腰带
- 以弗得
- 金铃铛和绣上的石榴

大祭司的圣衣

大祭司负责监督圣殿管理和祭祀仪式等,每年进入一次至圣所献祭。
继承大祭司职务的人必须携带大祭司的袍子,还有乌陵和土明。
为了询问神的旨意而使用的乌陵和土明放在决断的胸牌里,乌陵意味着"光",土明意味着"完全"。

圣洁的活祭，即属灵的礼拜（罗12:1）。不仅是礼拜时间，在日常生活中我们也要时刻警醒祷告，在神面前过圣洁的生活。当这样做到时，我们的礼拜和所有的供物都将作为圣洁的活祭被献上，在神面前也被认可为献上了属灵的礼拜。

那么，神为什么要求在牲畜中用牛或羊当作供物献上呢？这是因为牛和羊在所有动物中，最适合代表为拯救人类而成为挽回祭的耶稣。首先，让我们察看牛在什么方面与耶稣有相似之处。

第一，牛帮人驮货物。

就像牛帮人驮货物一样，耶稣也替我们背负了罪的重担。马太福音11章28节记载："凡劳苦担重担的人，可以到我这里来，我就使你们得安息。"人们终其一生在追求世上的富贵荣华，知识名誉，以及其他想要的东西，汗流满面，精疲力竭。如此，人不仅担着各样包袱，最重要的是还担着罪的重担，承受着各种试探患难和痛苦。

但耶稣成了祭物，在十字架上流下赎罪的宝血，亲自承担了人类的所有辛劳和重担。从此以后，我们因信主可以放下一切辛劳和罪的重担，享受神赐予的内心的平安与安息。

第二，牛对人没有害处，只有益处。

牛为人工作，不仅提供劳动力，还提供牛奶、牛肉和牛皮，从头到尾没有可丢弃的。同样地，耶稣给人带来的只有益处。祂传福音叫贫穷的、有病的、被弃绝的得安慰、有盼望。祂叫人从黑暗凶恶的捆绑中得以释放，祂医治病人和软弱的人。祂即使不能休息，不能吃喝，也竭尽全力给更多的人教导神的话语，最终在十字架上献出生命，为只能下地狱的罪人开了一条救赎之路。

第三，牛使人有牛肉吃，提供人重要的养分。

耶稣也将祂的肉和血给了我们，让我们当作灵粮。约翰福音6章53-54节记载："耶稣说：我实实在在地告诉你们：你们若不吃人子的肉，不喝人子的血，就没有生命在你们里面。吃我肉、喝我血的人就有永生，在末日我要叫他复活。"

耶稣是道成肉身来到地上的神子。因此，吃耶稣的肉、喝耶稣的血意味着我们要将神的话语当作灵粮，要照其遵行。人为了维持生命需要吃东西、喝水。同样地，我们为了得永恒的生命进入天国，就需要吃神的话语，实践神的话语。

第四，牛耕种土地，使之成为肥沃的土壤。

耶稣也开垦人的心田。马太福音13章把人的心比喻成四种土，即路旁地、石头地、荆棘地和好土地。因为耶稣代赎了我们所有的罪，所以圣灵能够来到我们心里，给予我们能力。在圣灵的帮助下，我们的心田可以变化为沃土。当我们依靠赦免一切罪的耶稣宝血的功劳祷告，并按照真理努力顺从时，我们的心田得以变化为沃土般肥沃滋润。从此以后，所栽种的就能收获30倍、60倍、100倍的祝福，灵肉间得到溢满的祝福。

接下来察看，羊在什么方面与耶稣有相似之处？

第一，羊性情温和。

在世上，人们也把温柔的人比喻成温和的羊，但比任何人都温柔的人就是耶稣。以赛亚书42章3节记载："压伤的芦苇，他不折断；将残的灯火，他不吹灭。他凭真实将公理传开。"对于邪恶和悖逆的灵魂，或者悔改后一再犯罪的人，耶稣也忍耐到底，直至他们回转。耶稣是创造万物的神子，有权柄可以灭掉所有人，但即使恶人把祂钉十字架时，祂也只是默默承受，依然爱他们。

第二，羊顺从人。

羊听从牧人，牧人驱赶到哪里，羊就跟到哪里，即使给它剪毛，也从不反抗。哥林多后书1章19节记载："因为我和西拉并提摩太，在你们中间所传神的儿子耶稣基督，总没有是而又非的，在他只有一是。"正如这话语，耶稣并没有主张自己的意思，只有至死顺服神的旨意。神希望祂在什么时候，去什么地方，去做什么事，祂就照其顺服，祂的一生都是如此。祂虽然很清楚即将到来的十字架的苦难，但为了成就父神的旨意，祂还是顺从甘愿背负了十字架。

第三，羊是纯洁的。

这里所说的羊是指尚未交配的一岁的公羊羔（出12:5）。换作人来做比喻的话，可以比喻为可爱纯洁的青年时期，也就是指无瑕疵无玷污的纯洁的耶稣。羊提供羊毛、羊肉和羊奶等，对人只有好处，没有害处。正如前面所提到，耶稣也给了我们祂的肉和祂的血，最后连生命都给了我们。耶稣只顺从父神，成就了父的旨意，拆毁了神与人之间的罪墙。如今也在做开垦我们心田的作工，使之成为洁净肥沃的沃土。

第三章

燔祭

但燔祭的脏腑与腿，要用水洗，祭司就要把一切全烧在坛上，当作燔祭，献与耶和华为馨香的火祭。

利未记1章9节

燔祭的意义

利未记中最先出现的祭祀法——燔祭是各种祭祀中历史最悠久的祭祀。燔祭一词的词源中有"使之上去"的意思,这是在祭坛上完全焚烧牺牲祭物的祭祀,象征着人类对神的完全的牺牲和献身,以及自发性的事奉。焚烧作为祭物带来的牲畜,以其馨香之气取悦神,这是最为普遍的祭祀,预示着耶稣亲自担当了我们的罪,作为献给神的馨香之气,成了完全的牺牲祭物(弗5:2)。

作为馨香之气取悦神,这并不意味着神会闻作为祭物献上的牲畜的气味。神悦纳的是献祭之人的内心的馨香,看他多么发自内心敬畏神,多么以爱神的心献祭,悦纳人的诚心和真诚的爱心。

宰杀牲畜献燔祭,意味着将我们的生命本身献给神,遵守神吩咐我们的所有律例。也就是说,我们完全行在神的话语中,将圣洁的人生献给神,这就是燔祭的属灵意义。

换作今天来讲,燔祭代表我们献上的所有主日礼拜,包括复活节、麦秋感恩节,秋收感恩节,以及圣诞节等各种节气礼拜。燔祭也是我们内心的一个表达,表示将我们的人生献给神,并按照神的旨意生活。如此,主日来到神面前献上礼拜，将此日分别为圣，这证明我们是得救的神的儿女，我们的灵魂属于神。

当作燔祭的供物

神吩咐人把没有残疾的公牛作为燔祭献上。没有残疾的雄性祭物意味着供物的完整性。神要人献上雄性供物，大体上是因为雄性比雌性更有节操，不偏向左右，没有诡诈或动摇。另外，献上无残疾的供物，意味着礼拜时要以心灵与诚实献上，不能以受伤的心灵献上礼拜。

我们给父母送礼时，若心怀爱和真诚，高高兴兴地送了，父母就能开开心心地收下，若是出于勉强，父母也只能勉为其难地收下。同样地，当我们心中没有喜乐，或者在疲惫、困倦和杂念中献上礼拜，神就不会悦纳。当我们的内心充满天国的盼望，心里充盈喜乐，满怀得救的恩典和感恩主慈爱的心献上礼拜时，神才会悦纳。当我们献上了神所悦纳的礼拜时，即使遇到试探患难，神总会给我们开一条出路，使万事互相效力。

特别在利未记1章5节中提到，要求宰杀公牛。这里的公牛是指还没有交配的牛犊，在属灵上是指耶稣基督的纯洁、纯全。因此，这意味着神希望我们以洁净纯洁的孩子般的心灵来到神面前。这不是让你撒娇或做出一些不懂事的行为,而是让你在属灵上效法小孩子的单纯顺从,以及不骄傲的优点。

牛犊还未长角,故此不会顶撞,没有恶意,这也象征着孩子般温顺、谦卑温柔的耶稣基督。耶稣基督是神子,是毫无瑕疵,完全的一位。因此,象征祂的祭物必须也是如此洁净并毫无瑕疵。

玛拉基书1章6-8节记载:"藐视我名的祭司啊,万军之耶和华对你们说:儿子尊敬父亲,仆人敬畏主人;我既为父亲,尊敬我的在哪里呢?我既为主人,敬畏我的在哪里呢?你们却说:'我们在何事上藐视你的名呢?'你们将污秽的食物献在我的坛上,且说:'我们在何事上污秽你呢?'因你们说,耶和华的桌子是可藐视的。你们将瞎眼的献为祭物,这不为恶吗?将瘸腿的、有病的献上,这不为恶吗?你献给你的省长,他岂喜悦你,岂能看你的情面吗?" 神强烈指责用腐败和不完整的供物献祭的以色列百姓。我们当向神献上神所愿的毫无瑕疵,完全的祭祀,即以心灵与诚实敬拜神。

各种供物蕴含的意义

神是公义仁慈的一位,祂察看人的肺腑心肠。所以，神看中的并不是供物有多大、多好、多贵，而是看中献的人在自己所处的环境和条件下，有多么凭信心尽心尽意尽赤城献上。哥林多后书9章7节记载："各人要随本心所酌定的，不要作难，不要勉强，因为捐得乐意的人是神所喜爱的。"正如此话语，当人在自己所处的情况下，心甘乐意向神献上时，神才会悦纳。

利未记第一章里详细说明了当燔祭的礼物分别是牛、羊、山羊、鸟时，应该如何献上。本来向神献燔祭时，最好的祭物是无残疾的公牛，但有些人没有条件献牛。因此，神在慈悲和怜悯中允许个人根据自己的情况量力而行，比如，可以献羊，山羊或鸽子为燔祭。这在属灵上有什么意义呢？

神根据每个人的生活能力接受供物

每个人的经济水平和所处境况不尽相同。对某些人来说是微乎其微的金额，对其他人来说或许是一大笔钱。所以，每个人根据自己的情况献上羊、山羊或鸽子为供物，神也悦纳其礼物。这是神的公义和爱，无论是贫穷的还是富裕的，任何人都能参与祭祀，并在力所能及的情况下量力而为。

如果一个富裕的人，本来可以献公牛犊，却献了山羊，神无法喜乐地接受。但是只能献羊的人，却献了公牛犊，神就会悦纳，并迅速赐下应允。神说无论是牛、羊、山羊或鸽子，都是献与耶和华的馨香的火祭（9, 13, 17节）。这意味着虽然礼物的档次有所差异，但只要我们诚心诚意献上时，对于查看我们肺腑心肠的神来说，都是馨香的火祭，并没有差别。

马可福音12章41-44节记载，耶稣看到一个穷寡妇投钱入库就称赞的场面。寡妇献上的两个小钱是当时最小的货币单位，但对她来说是全部的生活费。即使是如此微不足道的礼物，当我们尽心尽力献上时，就能成为神所悦纳的礼物。

神根据每个人的智能悦纳礼拜
听神的道时，根据每个人的智力、学历、知识等不同，对话语的领悟或蒙得的恩典也不同。即使献上同样的礼拜，与头脑聪明、学历高的人相比，头脑愚钝、学历低的人，在领悟和铭记话语的能力方面，显得相对薄弱。因为神知道这一点，所以希望每个人在各自的能力范围内，全心全意地献上礼拜，领悟神的话语并遵其而行。

神根据每个人的年龄悦纳礼拜
人的记忆力和理解力随着年龄的增长而下降。上了年纪的人中，有些人不太能理解话语或记不住。即使是在这种情况下，若是怀着恳切的心，虔诚地献上礼拜，无所不知的神也会悦纳。

在此要记住的是，即使智慧或知识不足，或年龄大，只要在圣灵的感动当中献上礼拜，神的能力也照样临到。神会给予帮助，让人能在圣灵的作工中领悟话语，并当作灵粮。因此，不要说"我有不足"或"努力也不行"，而是全力以赴去做的同时寻求神的能力即可。慈爱的神悦纳每个人在所处的环境和条件下不遗余力地献上。为了让人能做到，神在利未记里详细记录了有关燔祭的供物，以此告诉人们神是何等的公义。

如何献公牛为燔祭（利1:3-9）

1）在会幕门口献一只没有残疾的公牛。

会幕内有圣所和至圣所，除祭司以外无人能进入圣所，而且至圣所是只有大祭司一年才能进入一次。因此，普通百姓无法进入圣所，只能在会幕门口献没有残疾的公牛为燔祭。

但在今天，由于耶稣亲自拆除了神与我们之间阻隔的罪墙，我们得以直接与神交通。在旧约时代，人们需要在会幕门口献祭的行为，但到了新约时代，圣灵来到信主的人心中，将内心当作圣殿居住，并与人进行交通。因此，无论是谁，都有资格凭信心来到居住在至圣所的神面前。

2) 按手在燔祭牲的头上，转移罪后宰杀。

利未记1章4节记载："他要按手在燔祭牲的头上，燔祭便蒙悦纳，为他赎罪。他要在耶和华面前宰公牛。"献燔祭的人按手在燔祭牲的头上，表示把自己的罪转移到燔祭牲，只有这样，神才能因燔祭牲的血而赦罪。

按手不仅有转嫁罪的意义，还有祝福或印记等多种意义。当耶稣祝福孩子或医治疾病和软弱时，也会亲自按手在他们身上。使徒们也有通过按手让人领受圣灵，或让人充满圣灵的恩赐，也有从盖上印记的意义上按手在各种礼物的情况，这意味着这些礼物已分别为圣归神所有，主的仆人按手在各种奉献物上做祝福祷告也是基于同样的理由。

主日上午礼拜结束时领受祝祷，或在各种礼拜和祷告后诵读主祷文结束，都有使神悦纳此礼拜或祷告的意义。利未记9章22-24节记载，大祭司亚伦照神告诉的方法献上赎罪祭、燔祭和平安祭后，为以色列百姓祝福，神的荣耀就显现的场面。当我们圣守安息日，来到神面前礼拜，并领受祝祷结束时，神会看顾保守那一周，不让仇敌魔鬼撒但钻空，保守我们不遇到任何事故或试探患难，并让我们享受丰盛的祝福。

那么，献燔祭的人宰杀公牛是什么意思呢？因为罪的工价乃是死，所以献祭的人需自己宰杀牲畜。公牛犊尚未交配，还是干净的状态，就像天真烂漫的孩子一样可爱。神希望献燔祭的人像公牛犊一样，以干净纯洁的孩子般的心灵献上供物，并从此不再犯罪。神希望献祭的人宰杀如此可爱的公牛犊时，能够主动忏悔罪，并下定决心不再犯罪。

使徒保罗深知神的这般心，因此，尽管藉着耶稣基督所有罪得到赦免，并得到作为神儿女的权柄和能力后，仍然过着天天冒死的生活。哥林多前书15章31节记载："弟兄们，我在我主基督耶稣里指着你们所夸的口极力地说，我是天天冒死。"他之所以如此告白，是因为只有离弃与神旨意相反的所有非真理的心，即骄傲、贪欲、自己的义和框框，以及其他一切的恶，才能将自己的身体作为圣洁的活祭献给神。

3）祭司要奉上血，把血洒在会幕门口，坛的周围。

献燔祭的人宰杀背负自己罪的公牛犊后，祭司就奉上血，把血洒在会幕门口，坛的周围。利未记17章11节记载："因为活物的生命是在血中，我把这血赐给你们，可以在坛上为你们的生命赎罪。因血里有生命，所以能赎罪。"照此话语，血意味着生命，所以耶稣替我们赎罪时也流了宝血。

坛的周围是指东西南北，即凡是人所能及的所有地方。因此，把血洒在坛的周围意味着无论是在东西南北任何地方，即凡是脚掌所到之处犯下的罪，都藉着燔祭牲的血得到赦免。这意味着在与神所愿的方向背道而驰的地方，在偏离我们该走的方向所犯的一切罪都得到赦免。

这在今天也一样，坛是宣布神话语的讲台，掌管礼拜的主仆就是洒血的祭司。我们也通过礼拜听神的道，凭信心借助主宝血的功劳，得以涂抹背离神的旨意所犯的一切罪过。藉主宝血得到赦免后，我们就该只行在神所愿的方向，只走在神所愿的道路，不再犯罪。

4）剥去燔祭牲的皮，把燔祭牲切成块子。
献燔祭时，要把祭牲全烧在坛上，但只有牲畜的皮要剥下来不烧掉。皮又脏又结实，不易燃烧，而且燃烧时会散发难闻的气味。为使燔祭牲成为洁净馨香的供物，必须先剥皮，这对于今天的礼拜意味着什么呢？

神悦纳献礼拜之人内心的馨香之气，没有馨香就不悦纳。为了成为在神面前散发馨香之气的礼拜，我们该"脱去沾满世界污垢的老我，以敬虔圣洁的姿态"来到神面前。生活中，有些行为虽然在神面前不一定构成罪，但会与敬虔或圣洁相距甚远。有些行为或许带出来信神之前属世的旧习，有些时候或许表现出奢侈、虚荣或炫耀等不蒙恩典的样子。

例如，有些人特别喜欢购物，一有时间就去市场或百货店购物，乐此不疲。有些人沉迷于电视连续剧或娱乐节目，乐不思蜀。若一个人的心一直这样被世俗的乐趣夺去，无法自拔，稍有不慎就会远离神的爱。除此之外，若仔细察看自己，就会发现隐而未现的沾染世俗风气的非真理的样子，以及在神面前不完全的面貌。我们若想在神面前变得完全，必须从心里除掉这些。更何况，我们来到神面前礼拜时，必须首先悔改属世的一切面貌，成为更加敬虔圣洁的心灵。

像这样，在礼拜前悔改曾在世上沾染的罪污，以及不完全的面貌，就是剥掉祭牲的皮。为此，我们要提前到达礼拜场所，准备自己的心成为合乎礼拜的心。首先要献上感恩的祷告，感谢神赦免所有的罪，并一直看顾保守，然后要回顾自己，献上悔改的祷告。

将剥去皮的燔祭牲切成块子，烧在坛上，神借此燔祭使人的过犯和罪恶得到赦免。神允许将燔祭所剩的皮归给祭司用在有用的地方上。在这里切成块子是指，切掉牲畜的头，按部位切掉腿、肋部、臀部等，然后单独取出内脏。我们在招待长辈时，也不会把整个西瓜或苹果端出来给长辈吃，而是先削皮之后，再切成一块块，便于享用，才端出来招待客人。同样，向神献供物的时候，也不是整个牲畜直接烧掉，而是切成块整齐摆列的形式献上。

那么，切成块子在属灵上对我们有什么意义呢？

第一，在神面前献上的礼拜可以分成几种。有星期日的上午大礼拜和下午的晚礼拜，还有周三礼拜和周五礼拜。如此，礼拜分成几种不同的礼拜，就等于是把祭牲切成块子。

第二，切成块子意味，当我们祷告时把祷告内容分类进行祷告。我们一般祷告的时候，首先做悔改祷告，击退邪灵的祷告，以及感谢祷告。接下来为教会，为建筑圣殿，为主仆和工人们，为担负使命，为使自己的灵魂兴盛，以及为心愿得蒙应允祷告。像这样，把各种祷告题目分类，逐条呼求祷告，就是切成块子献上的意思。

当然，我们可以随时随地祷告。比如在走路或休息时祷告，也可以静静地思想神的爱和主的恩典，在默想中与神交通。但是，除了这种交通的时间以外，我们必须还要按着顺序，照着分类，就像把燔祭牲切成块子，大声为每个祷告项目呼求祷告。当我们如此献上祷告时，神必会悦纳，并迅速给予我们应允。

第三，切成块子意味，圣经66卷神的话语是分成目录记载。圣经66卷在解释活着的神和透过耶稣基督拯救人类的旨意上具有统一性。圣经66卷又细分为各个书卷，而各卷话语又毫无差错地互相搭配。因为圣经分成各个经卷，所以能更有体系的传达神的旨意，学习和领悟起来也更容易。

第四，是最重要的一点，表示我们的礼拜以各种程序构成。礼拜前我们先做认罪祷告，然后以默祷开始礼拜，最后以主祷文或祝祷结束礼拜。中间不但有宣讲话语的时间，还有代祷和赞美时间，还有奉读圣经和为奉献金祷告等多个程序。当然，这每一个程序都有各自的意义，这样按照一定的顺序献上礼拜，就等于是将燔祭牲切成块子献上。

只有把一切部位全烧在坛上，才能成为完整的燔祭，这意味着我们的礼拜要从头到尾完整地献给神，不能迟到或因有急事为由就在礼拜途中出去。当然也有例外，由于担负教会的特别使命，比如事奉或接待，而礼拜时间迟到或允许先走。有些人非常渴慕周三礼拜或周五礼拜，但因工作原因等不可避免的事由迟到了，神也会看人的中心，悦纳其礼拜的馨香。

5）祭司要把火放在坛上，把柴摆在火上。

燔祭牲切成块子后，祭司就要把一切部位放在坛上，用火焚烧。为此，祭司要把火放在坛上，把柴摆在火上。火在属灵上指圣灵的火，而摆在火上的柴是指圣经的内容，即每一句经文。圣经66卷的每一句经文都是柴。把柴摆在火上，意味着要在圣灵的作工中把圣经的每一句话语当作灵粮。

例如，在路加福音13章33节中，耶稣说："因为先知在耶路撒冷之外丧命是不能的。" 若我们只在字面上看这句话，就无法理解是什么意思。因为像使徒保罗，彼得等圣经中出现的很多属神的人都丧命在耶路撒冷外。在这里，耶路撒冷不是字面上的意思，而是指蕴含神的心和旨意的圣城，即属灵的耶路撒冷——神的话语。因此，"先知在耶路撒冷之外丧命是不能的"，意味着在神的话语中活，在神的话语中死。

如此，不仅是在读经时，在礼拜时间听道时，也要在圣灵的感动当中听才能理解。即使是用人的头脑无法理解的话语，或与人的想法和理论不符的话语，只要圣灵的感动临到就能领悟，也能发自内心相信。只有在圣灵的作工中领悟神的话语，神的心和旨意才能传达到我们心中，并深深栽植在我们心里，我们才能在灵里有长进。

6）要把肉块和头并脂油摆在坛上火的柴上。

利未记1章8节记载："亚伦子孙作祭司的，要把肉块和头并脂油摆在坛上火的柴上。" 祭司为了献燔祭，将切成块子的部位按顺序摆放，头和脂油也要摆上。

焚烧燔祭牲的头部意味着要焚烧掉出于我们头脑的非真理的意念。意念源自大脑，大部分的罪都是从头部开始的。若不在行为上犯罪，世人就不认为是罪人。但正如约翰一书3章15节所说："凡恨他弟兄的，就是杀人的。你们晓得凡杀人的，没有永生存在他里面。"只是心怀恨心，神也认为是罪。

耶稣在两千多年前已经代赎了我们所有的罪。不但是用手、脚、行为所犯的罪，在意念中所犯的罪也都代赎了。为了代赎行为上犯下的罪，祂的手脚被钉，为了代赎意念中犯下的罪，祂戴了荆棘冠冕而流下了宝血。如此，藉着耶稣我们意念中所犯的罪得到了赦免，我们就不需要再烧祭牲的头，我们只要借着圣灵的火焚烧我们的意念即可。凡事想真理，而弃掉非真理的思想，这就是用圣灵之火焚烧我们的意念。

如此，在凡事上以真理为念，不仅不会想非真理，也不会有不必要的杂念。这样的人在礼拜的时候，圣灵也会主管他的心，使其不陷入杂念，集中精力听道，领悟并铭记于心，因此能献上神所悦纳的属灵礼拜。

此外，脂油是动物赖以生存的能量之源，即生命。耶稣也为我们流尽了血与水，倾尽自己的生命成了挽回祭，我们只要相信这位耶稣为主，就不需要再献上动物的脂油。

但是相信主，并不只是嘴上告白"我相信"就可以的。如果真正相信主代赎了我们的罪，就应该离弃罪，靠神话语更新变化，过圣洁的人生。做礼拜时也当竭尽心力，即尽心尽意尽赤城，献上属灵的礼拜。尽心竭力做礼拜的人，不会只在头脑里积累听道的内容，而是铭记于心，逐一实践。只有将听到的话语在心中当作灵粮，在生活中实践出来，话语才能成为我们的生命和能力，灵肉间也能得到祝福。

7）脏腑与腿，要用水洗，祭司就要把一切全烧在坛上。

祭物的其他部位没有采取其他措施直接献上了，但内脏和腿等脏的部位要先用水清洗，干净了以后再献上。用水洗意味着洗净献祭之人的污秽。那么，我们要洗净的污秽究竟是什么呢？在旧约时代，人们从行为上清洗燔祭物的脏污，但在新约时代则需要洗净心里的污秽。

在马太福音15章里，法利赛人和文士指责耶稣的门徒们吃饭的时候不洗手。对此耶稣回答说："入口的不能污秽人，出口的乃能污秽人。" 因为凡入口的，只要排泄出来就可以了，惟独出口的，是从心里发出来的。接下来的19-20节记载："因为从心里发出来的，有恶念、凶杀、奸淫、苟合、偷盗、妄证、谤讟，这都是污秽人的。至于不洗手吃饭，那却不污秽人。" 正如此话语，我们要用神的话语洗净心中的罪恶（弗5:26）。

真理越是成形在我们心中，心中污秽的罪恶越是被排泄和洗净。例如，若把爱当作灵粮，在生活中实践，那么，心里的仇恨就会渐渐消失；若把谦卑当作灵粮，骄傲就会被排除；若把真实当作灵粮，虚假和奸诈就会被除掉。如此，以真理为粮，逐一实践，罪性便相应的减少，信仰得以成长，以至达到效法主的长成的身量。

信心达到长成的身量，神的能力和权柄自然伴随，属肉上不但心愿得蒙应允，而且在方方面面得到祝福。

如此，用水洗净脏腑与腿后，祭司把一切全烧在坛上，用火焚烧，才是献与耶和华的馨香的火祭。利未记1章9节后半节记载："……当作燔祭，献与耶和华为馨香的火祭。"火祭，顾名思义就是火的祭祀。若我们按照有关燔祭中规定的神的话语而行，即以心灵与诚实献上属灵的祭祀，这就会成为神所喜悦的火祭，得到从上而来的神的应允。当献上礼拜的我们的心，在神面前成为芬芳的馨香，得神喜悦，神就会赐下万事亨通的祝福。

如何献绵羊或山羊为燔祭（利1:10-13）

1）献上没有残疾的公羊

无论是绵羊还是山羊，作为燔祭牲都必须献上没有残疾的雄性祭物，这与献公牛的燔祭方法一样。献上没有残疾的祭物，在属灵上意味着我们当心怀喜乐感恩，以完全的心向神献上礼拜。另外，献上雄性祭物意味着"要以坚定不移的衷心献上礼拜，不可以善变"。根据经济情况，礼物可能会有所不同，但无论献上什么礼物，献上礼物之人的心都应该圣洁完全。

2）要把羊宰于坛的北边，要把血洒在坛的周围。

与献公牛的燔祭方法一样，宰杀祭物，把血洒在坛的周围，是为了赦免人在东西南北所有地方所犯的罪。宰杀牲畜，流其血献祭，人的罪就藉着替代祭物的血祭而得赦。

那么，为什么要把祭物宰于坛的北边呢？北边在属灵上指冰冷和黑暗，在表达神的惩戒或神不喜悦时经常使用的词。

耶利米书1章14-15节记载："耶和华对我说：'必有灾祸从北方发出，临到这地的一切居民。'耶和华说：'看哪，我要召北方列国的众族，他们要来，各安座位在耶路撒冷的城门口，周围攻击城墙，又要攻击犹大的一切城邑。'"耶利米书4章6节记载："应当向锡安竖立大旗，要逃避，不要迟延；因我必使灾祸与大毁灭从北方来到。" 正如圣经所记，北边意味着神的惩戒，而作为祭物的牲畜是替人背负所有的罪过，代替人而死的，因此必须在宰杀于咒诅的象征——北边。

3）要把燔祭牲切成块子，连头和脂油摆在坛上火的柴上，但脏腑与腿要用水洗，祭司就要全然奉献，烧在坛上。

与献公牛的燔祭方法一样，这是为了赦免我们用头脑，手和脚等身体所犯的罪而献上的祭。旧约是影子，新约是实体，神希望我们割礼内心，遵照神的话语生活，而不是只通过行为罪得赦免。换句话说，神希望我们在礼拜时，尽心尽意献上属灵的礼拜，在圣灵的感动当中将神的话语当作灵粮，离弃非真理，遵照真理而行。

如何献鸟为燔祭（利1:14-17）

1）献斑鸠或是雏鸽为供物

鸽子是鸟类中是最温顺，最机灵，最善于顺从人的。它的肉质也比较嫩，给人类带来各方面的益处，所以神说献鸟为燔祭时，要把斑鸠或是雏鸽为供物。鸽子中要求用雏鸽作为供物，是因为神希望悦纳干净温顺的供物，这也象征成为牺牲祭物的耶稣的谦虚和温柔。

2）祭司要把鸟拿到坛前，揪下头来，要拿着鸟的两个翅膀，把鸟撕开，只是不可撕断，把鸟烧在坛上，鸟的血要流在坛的旁边。

雏鸽很小，小到不能像牲畜一般宰了后切成块子，也只流一点血。所以不能像流血多的牲畜一样宰于北边，而是在坛旁边揪下头来，让其流血，这样做还有按手在祭物头部的意思。本来应该把血洒在坛的周围，但血的量少，所以只在坛旁边流血，以此进行赎罪仪式。

另外，由于鸽子体型较小，切了块就连形状都认不出来，所以就拿鸟的两个翅膀，把鸟撕开，却不会撕断，只是表示撕了。对鸟来说翅膀就是生命，所以拿鸟的两个翅膀，把鸟撕开，意味着献祭之人完全放弃自己，甚至把生命都献给神。

3）把鸟的嗉子和脏物除掉，丢在坛的东边倒灰的地方。

把鸟烧在坛上之前，先把鸟的嗉子和脏物，即把内脏除掉。宰牛犊，绵羊或山羊时，没有丢掉内脏，而是清洗干净后全部焚烧，但鸽子细长的嗉子和内脏很难清洗，所以允许全部扔掉。去除祭物污秽的行为，即清洗牛或羊污秽的部位，代表我们以心灵与诚实献上礼拜，同时藉着神的话语洗去曾经在罪恶中被污染的肮脏的心和行为。

鸟的嗉子和脏物要丢在坛的东边倒灰的地方。创世记2章8节说，耶和华神在东方的伊甸立了一个园子。这里的"东方"一词属灵的含义是被光环绕的空间。在我们生活的地球上，东边也是太阳升起的方向，当太阳升起，阳光照射，夜晚的黑暗即刻消失。

那么，把鸟的嗉子和脏物除掉，丢在坛的东边倒灰的地方，这里有什么含义呢？

这意味着我们在神面前献上燔祭，以此除去所有罪恶的污秽后，来到光明的主面前。以弗所书5章13节记载："凡事受了责备，就被光显明出来，因为一切能显明的就是光。"正如这话语，我们来到光明的主面前，通过神的话语洗净被光显明出来的罪恶的污秽，从此以后成为属光的神的儿女。因此，将祭物的脏物除掉，丢在坛的东边，在属灵上意味着曾经带着肮脏的罪恶活在黑暗当中的我们，断然丢弃罪恶，成为属光的神的儿女。

到目前为止，我们通过献公牛，绵羊，山羊和鸟的燔祭，领悟了神的爱与公义。神之所以吩咐献燔祭，是因为希望以色列百姓通过献燔祭，时时刻刻与神交通，活在神的同在里。希望我们都能铭记这一点，不但圣守主日，以心灵与诚实献上礼拜，而且1年365天都能活在神的同在里，时刻献上美丽的内心的馨香之气。当这样做到时，无论我们走到哪里，神都会给我们敞开亨通的路，并以惊人的祝福与我们同在，正如祂在诗篇承诺："又要以耶和华为乐，他就将你心里所求的赐给你。"（诗37:4）

第四章

素祭

若有人献素祭为供物给耶和华,
要用细面浇上油,加上乳香。

利未记2章1节

素祭的意义

利未记第二章记载了什么是素祭,如何才能献上神所悦纳的圣洁的活祭。

利未记2章1节记载:"若有人献素祭为供物给耶和华,要用细面浇上油,加上乳香。"正如经文所记,素祭是指将谷物磨成细面献上的祭祀。这是为了感谢神赐予我们生命和日用饮食而献上的祭祀,意味着我们在做主日礼拜时,向看顾保守我们一周生活的神献上的感恩奉献。

原本向神献上的祭祀必须要流血,即作为赎罪祭牲的牛、羊等牲畜的血。因为只有先用牲畜流下的血来赦免我们的罪,我们的祷告和祈求才能上达到圣洁的神面前。但素祭一般是与燔祭一起献上的,是不需要流血的感恩祭。农民辛苦劳作,在殷勤耕耘的土地里收获谷物时,感谢神赐予种子和食粮,并一直守护直到丰收。素祭就是从收获的果实中,将初熟的果子和好谷物分别出来,作为素祭向神献上。

作为素祭献上的供物主要是面粉。在谷物中选用细面,烤饼或炒熟的初熟的谷物,在里面放入油和盐,并添加乳香。祭司就要从中取出一把来,烧在坛上,是献与耶和华为馨香的火祭。

出埃及记40章29节记载:"在会幕的帐幕门前,安设燔祭坛,把燔祭和素祭献在其上,是照耶和华所吩咐他的。"神吩咐献燔祭时,素祭也要一同献上。因此,我们献主日礼拜时,感恩奉献也要一同献上,才能成为完整的属灵礼拜。

素祭的词源有"礼物"的意思。神希望我们在参加各种礼拜时,不要空手而来,而是献上感恩奉献,以此行为表达我们的感恩之心。因此,在帖撒罗尼迦前书5章18节记载:"凡事谢恩,因为这是神在基督耶稣里向你们所定的旨意。"又在马太福音6章21节记载:"因为你的财宝在哪里,你的心也在那里。"

那么,我们为什么要凡事谢恩,向神献上素祭呢?最重要的是因为我们得到了永生。由于亚当的不顺从,所有人都只能走向灭亡,但是神赐给我们独生子作为挽回祭,代赎了我们的罪,从此永生的道路向我们敞开了。创造天地万物的父神就是造我们的父,祂赐给我们作神儿女的权柄,以及永恒的天国为赏赐,我们千恩万谢也不为过!

另外,祂又赐予我们阳光雨露,使风雨及时,五谷丰登，我们当感谢祂赐予我们日用的饮食。进而，我们当感谢祂在这充满罪恶、不义和疾病的世界中，保守我们免遭痛苦，而且凡凭信祷告的都给予应允，并祝福我们过得胜的生活。

作为素祭的供物

利未记2章1节记载："若有人献素祭为供物给耶和华，要用细面浇上油，加上乳香。" 作为素祭向神献上的谷物，一定是用细面做成的。素祭必须用细面，很好地体现了我们当以怎样的心态向神献上供物。制作细面，需要先用石磨磨碎去皮，再经过多次过筛，整个过程既要用心也要辛苦，是一个费不少功夫的活儿。用细面做成的食物，不但色泽细腻柔和，口感也更好。

因此，素祭必须用细面的属灵意义是，要精心准备礼物，当以喜乐的心献上，神才会悦纳。不是只在口里告白感谢，而是要以实际行动表达感恩的心，这样做礼拜时，神才会悦纳。因此，在献上十分之一奉献或感恩奉献时，一定要诚心诚意献上，蒙神悦纳。

神是天地万物的主人，祂并不是因为自己缺乏什么，所以叫人奉献。在祂无所不能，祂可以使人富足，也可以收走人一切所有之物。作为主宰万有的神之所以希望从作为被造物的我们得到奉献，是为了通过用我们的信心和爱心所献的礼物，给予我们更大的祝福。

哥林多后书9章6节记载："少种的少收，多种的多收，这话是真的。"这是灵界的法则。神教导我们要献感恩奉献，是为了赐给我们更大的祝福。若我们相信这一事实而奉献，当然要像献细面一样尽心竭力献上，而且要献上毫无瑕疵的最珍贵的礼物。

另一方面，细面也意味着耶稣的品性和生平，即祂的完全。这就是要教会我们过辛劳和顺从的生活，就像制作细面时需付出的诚心。

在磨碎谷物献素祭时，可以直接把细面焚烧，也可以加点油揉成面团后在火炉里烤或在铁板上烤，也可以在锅里煮。如此以多种方式献素祭，意味着人们为了得到日用的饮食而生活的方式多种多样，向神献上的感恩的条件也多种多样。

生活中有各种感恩的条件，除了每周献上的感恩题目外，还有蒙得祝福或应允时献上的感恩，凭信心胜过试探或熬练时献上的感恩条件等。但不管在什么情况下，我们当按照"凡事谢恩"的话语，要时常寻找感谢的条件来感谢。这时，神也会悦纳其内心的馨香，使我们的生活中充满着感恩的条件。

献素祭的方法

1）细面浇上油，加上乳香。

在细面上浇上油，面粉就会搅拌均匀，容易揉成面团，其上再加乳香，就会变得更加光亮。把这些带到祭司那里，祭司就要从细面中取出一把来，并取些油和所有的乳香，烧在坛上，是献与耶和华为馨香的火祭。

浇上油是什么意思呢？

油是从动物或植物中提取的汁液，是生命的源头。因此，在细面上浇上油意味着我们向神献供物时，要竭尽全力，也就是说要尽生命来献上。当我们如此献供物时，神就会赐予我们圣灵的感动感化与充满，在生活中时常与我们交通。我们向神奉献时，当全心全意尽生命的心志来献上，这就是浇上油所表现的意思。

那么，加上乳香是什么意思呢？

罗马书5章7节记载："为义人死，是少有的；为仁人死，或者有敢作的。"但耶稣遵循神的旨意，为了既不是义人，也不是善人，反而是罪人的我们而死，这爱对神来说是多么美好的馨香呢？因此，耶稣打破死亡权柄复活了，坐在神宝座右边，成为万王之王，这对神来说是多么珍贵的香气呢！

以弗所书5章2节记载："也要凭爱心行事，正如基督爱我们，为我们舍了自己，当作馨香的供物和祭物献与神。" 照此话语，耶稣作为替罪羊献于神时，也像放乳香的供物一样，献与神为馨香的祭。因此，蒙神爱的我们也要像耶稣一样，在神面前献上芬芳四溢的人生。

在细面上放乳香意味着，就像耶稣用祂的品性和行为所散发馨香荣耀神一样，我们也当全心全意地遵照神话语生活，散发基督的馨香之气来荣耀神。只有当我们过散发基督香气的人生，并向神献上感恩奉献，才能成为蒙神悦纳的素祭的供物。

2）不可有酵，不可加蜜。

利未记2章11节记载："凡献给耶和华的素祭都不可有酵，因为你们不可烧一点酵、一点蜜，当作火祭献给耶和华。" 神说不可在素祭里加一点酵，是因为酵有发酵的功能，在属灵上意味着变质和腐败。

信实完全的神希望我们向神奉献时，也带着没有发酵过的细面一样，以不变质的衷心献上。因此，我们当以不善变的坚定不移的衷心，洁净纯真的心，凭信和爱以及感恩神的心来献上奉献。

有些人在奉献时会在意别人的眼光，出于形式或忧心忡忡的献上。但正如耶稣所说，要防备法利赛人的酵，即假冒伪善一样，只注重表面，装作虔诚，想得人的认可，其心就像发过酵的腐烂的供物一样，与神无关。

因此，向神奉献时，我们当除去酵，以爱神和感谢神的衷心来献上。另外，我们不可带着吝啬的心，或出于没有信心的担心忧虑来献上，而是出于对神的信心，相信神悦纳我们的奉献，并在灵肉间赐予祝福，而丰丰足足的献上。

但有时允许在素祭里放入酵。这样献上的供物不是烧在坛上，而是祭司在坛上摇一摇，只表示献给神，再拿回来分着吃，这叫做"摇祭"。与一般的素祭不同，在这种别样的程序中献上时，允许放入酵。

例如，有信心的人除了参加主日礼拜外，还会参加各种其他礼拜。但信心软弱的人除了参加主日礼拜以外，不参加周五彻夜礼拜或周三礼拜，神也不认为那是罪。另外，从礼拜的程序来看，主日礼拜会按规定的程序完整地献上，但区域礼拜或探访礼拜守基本的程序框架，如：话语、祷告、赞美，但可以根据情况加减程序。如此，基本的程序和不可或缺的程序是必须要遵守的，但根据情况或信心的水准，神允许一些灵活性，这就是神允许素祭里加入酵的属灵的含义。

那么，不可加入蜜的理由是什么呢？

与酵一样，蜂蜜也会改变细面本身的性质。尤其是巴勒斯坦地区生产的蜂蜜，它是从大枣和葡萄中提取的，具有易发酵变质的性质。因此，神禁止加入蜂蜜，是为了不改变细面单纯的性质，以此教训神的儿女在礼拜或奉献时，当以不虚假和不善变的完全的衷心来献上。

在人看来，细面里加入蜜或许会更好一些。但无论在人看来有多好，神希望得到的始终是遵照祂的命令献上的，而且喜悦人按心里所定的献上。有些人决定要把什么东西献给神，但如果情况发生变化，就不献或随意更换。神不喜悦人在自己的意念中改变神的命令，或者在圣灵的作工中定好的，却随着自己的利益而改变。因此，如果决定将某种牲畜作为供物献上，不但不可以在优劣之间改换，若真想改换，必须要将原来的和要更换的都要献上（利27:9-10）。

神希望我们不仅在奉献上，在凡事上以不善变的正直的衷心献上。人的内心若有善变或奸诈等属性，就会因此出现在神看来不合乎的行为。

例如，扫罗王按照自己的意愿改变了神的命令而悖逆了神。神叫他灭尽亚玛力王和所有的百姓，以及牲畜。当扫罗凭借神的能力在战争中大获全胜后，却改变了神的命令。他生擒了亚玛力王，又将牲畜中上好的牛羊牵过来。对此，神责备了扫罗，可是扫罗不但不悔改，此后还屡屡不顺从，最终被神弃绝。

民数记23章19节记载："神非人，必不致说谎，也非人子，必不致后悔。他说话岂不照着行呢？他发言岂不要成就呢？" 为要蒙神喜悦，我们首先要改变为不善变的矢志不渝的心志。无论在人看来有多好，只要是神命令不可做的，就一定不要做，不可随时间的流逝，心志发生变化。当人的心变化为毫无动摇的心，坚守神的旨意不善变时，神也会悦纳其礼物，并赐下祝福。

接下来的利未记2章12节记载："这些物要献给耶和华作为初熟的供物，只是不可在坛上献为馨香的祭。"供物当献给神为馨香的火祭。此经文的意思是，不可只是为了散发香气的目的而将素祭烧在坛上。我们献素祭的目的不在于献供物的行为本身，而在于向神献上内心的馨香。

无论献上了多少好东西，若不是以神喜悦的衷心献上，那只能是在人看来的香气，而不能成为神所喜悦的馨香。这就如同孩子给父母送礼时，不能出于形式，而是感谢父母的养育之恩，满怀爱意送上时，才能叫父母真心快乐一样。同样，向神奉献时，神希望我们凭信望爱献上，散发美好的衷心的馨香，而不是习惯性地献上，心里还沾沾自喜"尽了所能"。

3）配盐而献。

利未记2章13节记载："凡献为素祭的供物都要用盐调和，在素祭上不可缺了你神立约的盐。一切的供物都要配盐而献。" 盐会溶在食物里，调理食物的味道。

盐能调节食物的咸淡，这在属灵上意味着"使之和睦"。为了调味，盐必须溶化。同样，为了承担盐发挥的和睦的功能，必须做出治死自我的牺牲。在素祭里加上盐的意思是，我们要在牺牲自己成就和睦的情况下，向神献上奉献。

为此，我们首先要接待耶稣基督，并离弃所有的罪恶、情欲以及旧人旧习到流血的地步，要与神成就和睦。

例如，若一个人明知故犯神所憎恶的罪恶，在不悔改的情况下向神献上奉献，那么，因为此人与神之间的和睦早已破裂，所以神无法悦纳此人的奉献。因此，诗篇66篇18节记载:"我若心里注重罪孽,主必不听。"不但是在祷告的时候,向神献上奉献时,也要首先离开罪,与神和好后献上,才能蒙神悦纳。

为了与神成就和睦,必须要有治死自己的牺牲。就像使徒保罗告白说:"我天天冒死",当我们日复一日付出否认自己的冒死的努力时,才能与神成就和睦。

我们还要与信心的弟兄成就和睦。马太福音5章23-24节记载:"所以你在祭坛上献礼物的时候,若想起弟兄向你怀怨,就把礼物留在坛前,先去同弟兄和好,然后来献礼物。"如果对弟兄行恶,使其痛苦不堪,却说"神,我感谢你",并献上奉献,神就不能悦纳此人的奉献。

即使有对自己作恶的弟兄,也不应该忌恨或埋怨,而应该饶恕,心里成就和睦。无论出于什么原因,都不能发生与兄弟不合而引起是非或加害于人,成为弟兄的绊脚石。当我们与所有人成就和睦,自己的内心也圣灵充满,并以喜乐和感恩的心献上奉献时,这就是用盐调和的素祭。

其次,用盐调和有立约之意,就如经上所记"在素祭上不可缺了你神立约的盐"。盐是从海水中提取的,而水指的是神的话语。神的约言永远不会改变，就像盐一如既往有咸味一样。

素祭里加入盐意味着，当相信信实的神不变的应许，以完全的信心献上。也就是说，在奉献时一定要凭信心献上，相信神必定赐下连摇带按、上尖下流的祝福，也必倾倒30倍、60倍、100倍的祝福。

有些人说："我奉献不求祝福的回报"，但神更加喜悦谦卑地求祝福的信心。希伯来书11章记载，当摩西放弃埃及王子的身份时，他想望所要得的赏赐。耶稣也是仰望神要赏赐的极大荣耀以及拯救人类这一宏大的旨意，就轻看羞辱，忍受了十字架的苦难。

当然，求赏赐的心和求代价的心截然不同，后者是斤斤计较付出能有多少回报的心。即使没有任何回报，因为爱神，定意要将自己完全献上，甚至是生命。当然，这是讨神喜悦的心，但更加讨神喜悦的心是，能够理解愿意赐下祝福的父神的心，也相信祂极大的能力，而谦卑的祈求祝福的心。神应许我们种什么收什么，祈求就给我们成就。因为我们相信神的约言，向神奉献，并祈求神按所种赐下祝福，这就是讨神喜悦的信心。

4）素祭所剩的要归给亚伦和他的子孙。

献燔祭时，把祭物全烧在坛上，但素祭有些不同，祭司从素祭中只取出一部分，烧在坛上。这意味着燔祭——即各种礼拜要完整的献给神，但作为素祭的感恩奉献是献给神，用于神的国度事工，其中一部分要归于祭司——即今天的主仆和在教会工作的在职人员。加拉太书6章6节记载："在道理上受教的，当把一切需用的供给施教的人。" 正如这话语，蒙神恩典的圣徒们向神献上感恩奉献时，教导神话语的主仆就会一同享用。

素祭是与燔祭一起献上的祭祀，是一个模型，展现基督奉献的一生。因此，我们要全心全意，凭信心献上奉献。愿大家献上合乎神心意的礼拜，献上神所悦纳的散发馨香的奉献，得以每天蒙得溢满的祝福。

第 5 章

平安祭

人献供物为平安祭，若是从牛群中献，无论是公的、是母的，必用没有残疾的献在耶和华面前。

利未记3章1节

平安祭的意义

利未记第三章记载了有关平安祭的条例。平安祭是指宰杀没有残疾的牲畜,把血洒在坛的周围,取下脂油烧在坛上,是献与耶和华为馨香的火祭。平安祭的程序与燔祭相似,但有几个区别。偶尔有人误会献平安祭的目的,认为这是罪得赦免而献的祭,但其实不然。以罪得赦免为主要目的献上的祭是赎愆祭和赎罪祭。

平安祭是为了在神与我们之间成就和睦为目的献上的祭,具有感谢之意,许愿之意,自愿献上之意。这是献上赎罪祭和燔祭而罪得赦免的百姓,能与神交通后,另行献上的祭。平安祭的目的在于与神和睦,将我们的人生完全交托给神。

利未记第二章记载的素祭也相当于感恩奉献,但这只是感谢拯救我们、守护我们并提供日用的饮食而献上的普通的感恩奉献,与作为平安祭献上的感恩奉献有差异。除了每周献上的感恩奉献以外,如果有特别感恩的条件,就会另行献上对此的感恩奉献。如此,为了讨神喜悦而自愿献上的奉献,或为了遵照神的话语生活,许愿将自己分别为圣,或为了心愿得到应允而献上的许愿祭都属于平安祭。

如上所记，平安祭可以以各种意义献上，但归根结底，其中最基本的意义是为了我们与神成就和睦。当我们与神成就和睦，神就会加给我们能力，让我们活在真理中，并应允我们的心愿，若有许愿的事项，就会赐下恩典能够让人如愿以偿。

约翰一书3章21-22节记载："亲爱的弟兄啊，我们的心若不责备我们，就可以向神坦然无惧了。并且我们一切所求的，就从他得着。因为我们遵守他的命令，行他所喜悦的事。"照此话语，当我们活在真理当中，得与神和睦，就能在神面前坦然无惧，凡按所求的都能体验神的作工。如果献上特别的奉献，更加讨神喜悦，那么其祝福和应允该有多快呢！

因此，我们要正确领悟素祭和平安祭的意义，区分献上当作为素祭献上的感恩奉献和当作为平安祭献上的感恩奉献，以此更加讨神喜悦。

平安祭的供物

利未记3章1节记载："人献供物为平安祭，若是从牛群中献，无论是公的是母的，必用没有残疾的献在耶和华面前。"若平安祭的供物是绵羊或山羊，不论是公的还是母的，必须是没有残疾的(利3:6, 12)。

作为燔祭的祭牲，无论是牛、羊还是山羊，都应该献上没有残疾的公的。因为作为燔祭献上的完全的牺牲祭物，象征毫无瑕疵的神之子耶稣基督。

但是，平安祭是我们为了与神成就和睦而献上的，所以不需要区分公的和母的，只要没有残疾即可。作为平安祭献上的祭牲没有公母之分，表明藉着十字架宝血的功劳成就和睦之事上，没有男女之分。正如罗马书5章1节所说："我们既因信称义，就借着我们的主耶稣基督，得与神相和。"

献上没有残疾的，意味着不要带着受伤的心灵，而是带着洁净而美丽的孩子般的心灵献上。另外，也不要勉为其难或看别人脸色献上，而是甘心乐意凭信心献上。即使是感恩于得救之恩而献上的奉献，也当献上毫无瑕疵的，理应如此。更何况，若是将自己的人生交托于神，愿神时刻同行和看顾保守，并给予力量能遵照神的旨意生活，以此目的献上的奉献，更应该尽心尽意献上最上好的。

平安祭的供物与燔祭相比有特别之处，就是供物里少了鸽子。为什么呢？即使是再一贫如洗的人，燔祭也是必须要献上的，所以哪怕是微不足道的鸽子也允许献上。

举个例子，信心尚弱的初信徒，即使只献上主日礼拜，神也会接受此人献了燔祭。虽说完整的燔祭是完全遵照神的话语生活，时常与神交通，以心灵与诚实献上礼拜，但对于初信徒来说，只遵守主日，神也会引导他走向救赎之路，就像不值一提的鸽子也接受为燔祭一样。

但平安祭并不是必须要献的，而是选择性的。献平安祭的目的在于，想特别讨神喜悦，而得到应允和祝福，若献上价值微乎其微的鸽子，就失去了作为特别供物的价值，所以被排除在供物之外。

例如，为了某种不治之症，疑难杂症得到医治，而决定献供物，那么该如何献上呢？必定会竭尽全力献上，超出平时献的感恩供物。若是献公牛，神会更加喜悦，也可以根据自己的情况，献母牛或绵羊，或山羊，但总而言之，鸽子作为供物其价值不值一提。

当然，供物的价值并不单单指金额的多少。各人在自己所处的情况下，尽心尽意尽赤诚准备，并凭信心特别准备献上时，神会以其中蕴含的属灵的馨香之气来评价供物的价值。

献平安祭的方法

1) 要按手在供物的头上,宰于会幕门口。

献供物的人,在会幕门口按手在供物的头上。献燔祭之人按手在供物时,有转嫁罪的意义,但按手在平安祭供物时与此不同,意味着将此供物分别为圣,印记为神所悦纳的礼物。

我们按手献上的供物,若要成为神所悦纳的供物,就不要在肉体的意念当中计算给多少,而是要听从在我们心中作工的圣灵的主管。只有这样献上的供物,才被印记为神所悦纳的分别为圣的供物。

献平安祭的人按手在供物的头上后,宰于会幕门口。在旧约时代,只有祭司才能进入圣所,百姓在会幕门口宰杀牲畜。但在今天,由于耶稣基督,阻挡在神与我们之间的罪墙被拆除,我们可以进入圣殿礼拜,得以与神直接交通。

2) 亚伦子孙作祭司的,要把血洒在坛的周围。

利未记17章11节记载:"因为活物的生命是在血中。我把这血赐给你们,可以在坛上为你们的生命赎罪,因血里有生命，所以能赎罪。"希伯来书9章22节记载："按着律法，凡物差不多都是用血洁净的，若不流血，罪就不得赦免了。"说明只有血可以洁净罪。为了与神进行深入的属灵交通，而献上平安祭时，也需要洒血。这是因为曾经与神关系断绝的我们，若不借助耶稣基督宝血的功劳，就绝对不能与神成就和睦。

祭司要把血洒在坛的周围，意味着在东西南北——即我们的脚踪所到之处，在我们所有的环境中，都成就和睦。无论去哪里，无论和谁做什么，都要在与神和睦的情况下，与神同行，得到神看顾保守，出于这种意义在坛的周围洒血。

3）从平安祭中，将火祭献给耶和华。

利未记第三章不仅详细说明如何献牛为平安祭，还详细说明如何献羊羔和山羊为平安祭。因为方法几乎相似，我们就以牛的平安祭为中心进行了解。与燔祭进行比较说明的话，在燔祭中将燔祭牲剥皮之后，就要把一切全烧在坛上献给神。燔祭的意义是属灵的礼拜，而礼拜是完全献给神的，所以燔祭牲的供物要全烧在坛上。

但是在平安祭中没有将平安祭牲全部献上。利未记3章3-4节记载："也要把盖脏的脂油和脏上所有的脂油,并两个腰子和腰子上的脂油,就是靠腰两旁的脂油,与肝上的网子和腰子,一概取下。"如经文所述,将祭牲内脏重要部位的油都取下来,烧在坛上,以其馨香之气取悦神。将内脏各个部位的油献上意味着我们要在所在的位置或领域,无论在哪里都要与神成就和睦。

为要与神成就和睦,必须要追求与众人和睦,并要追求圣洁。与某些人格格不入,相处下来彼此不舒服,有些人缺乏教养,话不投机半句多,这些并不构成不能和睦的理由。只有与众人成就和睦时,我们作为神的儿女才算完全(太5:46-48)。

先从祭牲中除去献给神的脂油后,再除去祭司的份。利未记7章34节记载:"因为我从以色列人的平安祭中,取了这摇的胸和举的腿给祭司亚伦和他子孙,作他们从以色列人中所永得的分。"素祭中也有归于祭司的份,平安祭也一样,百姓献给神的供物中,神规定一部分归于侍奉神和百姓的祭司和利未支派,为他们的生计所用。

这在新约时代也一样。圣徒们献给神的奉献,不仅用于拯救灵魂的神国的事上,也用于维持主仆和教职人员的生计。先献于神,然后除去祭司的份后,剩下的肉由献祭的人吃,这是平安祭独有的特点。献祭的人吃祭物意味着,如果我们献上了神所悦纳的供物,神必定会以应允与祝福作为确凿的证据来显明悦纳了其供物。

有关脂油与血的规定

献祭时,宰杀牲畜后,祭司就把血洒在坛的周围。因为所有的脂油都是耶和华的,就视为宝贵,烧在坛上献与耶和华为馨香的火祭。旧约时代不吃脂油和血,因为这是与生命息息相关的。血意味着肉体的生命,脂油作为身体的津液,也意味着生命。因为有脂油,生命活动才得以畅通无阻。

那么,脂油的属灵含义是什么呢?

首先,脂油意味着诚心。因此,献脂油为火祭意味着尽生命来向神献上。也就是说诚心诚意献给神的衷心。为了使神喜悦,得以与神成就和睦,为此可以献上感恩奉献,或以各种形式献身。此时,献什么固然重要,但更重要的是其中蕴含了多少诚意。更何况,在神面前犯下某种错误的人,为了与神和睦而献上礼物,就更应该尽心尽意尽赤诚。

当然,若想罪得赦免,就要通过赎罪祭或赎愆祭。但有时献礼物不只是为了罪得赦免,而是希望更加得神喜悦，与神成就真正的和睦。打个比方，孩子犯了严重的错，深深伤了父亲的心，那么这孩子不能以为只是认错得到父亲的原谅就可以了。从此以后，他要更加努力拿出真诚的行为来打动父亲的心，精诚所至金石为开，父亲的心终究会完全溶化，父子之间得以成就真正的和睦。

另外，脂油也意味着祷告和圣灵充满。马太福音25章记载，聪明的五个童女预备了灯油，而愚拙的五个童女没预备灯油进不了婚宴。在这里，油的属灵含义就是祷告和圣灵充满。也就是说，只有祷告，时常圣灵充满，时刻保持儆醒，才不至于沾染世俗的情欲，做好新妇装扮，等待新郎主耶稣。

想献上平安祭得神喜悦，得蒙应允，也必须要祷告。祷告不可以是形式上的祷告，而要像耶稣在客西马尼园祷告——汗珠如大血点滴在地上一般，要献上尽心尽力尽生命的祷告。如此祷告的人，当然会与罪争战，离弃罪成为圣洁，并从上得到圣灵的感动感化与充满。这样的人献上平安祭，神也会悦纳，并迅速赐下应允。

平安祭是为了与神时常同行，得到祂的看顾保守，过上荣神益人的生活而将人生交托于神的祭祀。为了与神和睦，若发现有不合乎神心意的地方，当迅速悔改回转，并甘心乐意献上竭诚心力准备的礼物，祷告也得到圣灵的充满。这样就充满天国的盼望，能与神成就和睦，赢获得胜的人生。愿大家尽心尽意尽赤诚祷告，在圣灵的感动感化与充满当中献上蒙神悦纳的平安祭，时常蒙神赐下的祝福与应允。

第六章

赎罪祭

你晓谕以色列人说：若有人在耶和华所吩咐不可行的什么事上误犯了一件，或是受膏的祭司犯罪，使百姓陷在罪里，就当为他所犯的罪，把没有残疾的公牛犊献给耶和华为赎罪祭。

利未记4章2～3节

赎罪祭的意义和种类

我们相信耶稣基督,因祂宝血的功劳得以罪得赦免而得救。但是,为了被认可为真正的信心,不能只是嘴上说信,而是要用行为和真实来证明出来。当我们拿出真实的行为来证明信心时,神认可此信心为真信心,且看这真信心赦免我们的罪。

那么,怎样才能凭信罪得赦免呢?当然,如果是神的儿女,就应该常常生活在光明当中不犯罪。但是,尚未完全的情况下犯了罪,在神面前积累了罪墙,就该知道解决方法照其而行。赎罪祭,就在告诉我们其方法。

赎罪祭,顾名思义就是赎我们在生活中所犯的罪而献上的祭祀,其方法取决于献祭之人的职分和信心的大小。利未记第四章记载了受膏祭司的赎罪祭,全会众的赎罪祭,族长的赎罪祭以及平民的赎罪祭。

受膏祭司的赎罪祭

利未记4章2-3节记载:"你晓谕以色列人说:若有人在耶和华所吩咐不可行的什么事上误犯了一件,或是受膏的祭司犯罪,使百姓陷在罪里,就当为他所犯的罪,把没有残疾的公牛犊献给耶和华为赎罪祭。"

在这里,"以色列人"在属灵上指所有神的儿女。"若有人在耶和华所吩咐不可行的什么事上误犯了一件"是指,当有人触犯了圣经66卷所禁止的神法度的时候。

但受膏的祭司,即如今教导和传达神话语的主仆,犯神的律法时,其罪的代价会殃及到百姓。知律法却没有照律法教导羊群真理,其罪过很大。即使不是故意而是无意间犯了罪,作为主仆不懂神的旨意,这也是在神面前非常亏欠的事。

例如,若主仆错误的教导真理,羊群就会相信其话,而违背神的旨意,最终整个教会都会在神面前建立罪墙。神说"你们要圣洁,一切恶事要禁戒不做,要不住地祷告",但主仆若教导"耶稣代赎了一切罪,我们只要去教会就得救",那么会怎么样呢?马太福音15章14节记载:"任凭他们吧!他们是瞎眼领路的,若是瞎子领瞎子,两个人都要掉在坑里。"照此话语,不仅是主仆,连羊群也会远离神,其罪甚大。如此,若祭司犯罪连累百姓一同犯罪,就当献赎罪祭。

1)献没有残疾的公牛为赎罪祭
要知道受膏的祭司犯罪,百姓也会受牵连陷入罪里,所以其罪的代价是很大的。撒母耳记上2-4章记载,当以利的两个儿子随己意取了百姓献于耶和华面前的礼物而犯罪时,其下场如何。在与非利士人的战争中,以色列战败,以利的儿子们死在战场,以色列步兵中有三万人阵亡,甚至神的法柜也被夺去,整个以色列遭受了苦难。

所以,赎罪的供物也当献上最有价值的,即没有残疾的公牛。供物中神最悦纳的是公牛犊和公羊羔,其中公牛犊的价值更高。不但要献上最具价值的公牛犊,还要献上没有残疾的。这在属灵上意味着不能勉为其难或愁眉苦脸的献上,而是要献上完整的火祭。

2)献赎罪祭的方法

祭司牵公牛到会幕门口,在耶和华面前按手在牛的头上,把牛宰于耶和华面前。受膏的祭司要取些公牛的血带到会幕,把指头蘸于血中,在耶和华面前对着圣所的幔子弹血七次(利4:4-6)。按手在头上意味着把献祭之人的罪转嫁到祭牲。本应该是犯罪的人要死,但通过按手将自己的罪转移到赎罪祭牲,通过祭牲的死罪得赦免。

经文提到,取些公牛的血带到会幕即圣所,把指头蘸于血中,对着圣所的幔子弹血,圣所的幔子是指阻隔圣所和至圣所的厚厚的幔子。一般来说,献燔祭时不进入圣所，而是在圣殿院子的燔祭坛上献，但祭司的赎罪祭是带着血进入圣所。更何况是将血弹在神临格的至圣所前，即圣所的幔子。

这时，"把指头蘸于血中"意味着在行为上求饶恕。不是只在口头上悔改，或只是想"再也不这样做了"，而是实实在在的离弃罪恶结出悔改的果子。"在耶和华面前对着圣所的幔子弹血七次"，七代表完全，弹血七次意味着完全弃绝自己的罪。只有彻底离弃罪，不再犯罪时，才能得到完全的饶恕。

"又要把些血抹在会幕内，耶和华面前香坛的四角上，再把公牛所有的血倒在会幕门口，燔祭坛的脚那里。"（利4:7）香坛，即焚香坛是为了在神面前烧香而预备的。在香坛烧香时，神悦纳其香。在圣经中"角"意味着王，代表着王的威严和权势，也就是指万王之王——耶和华神（启5:6）。因此，把赎罪祭牲的血抹在香坛的四角上，意味着万王之王——神悦纳了其赎罪祭牲。

那么，今天我们怎么献上神所悦纳的悔改呢？前面提到，把指头蘸于血中，弹血七次，以此表示将罪恶除尽。如此，实实在在悔改回转之后，现在应该到圣殿，在神面前献上祷告。把血抹在香坛的四角上，以此蒙神悦纳一样，我们当在万王之王——神的权威中，献上悔改祷告。来到圣殿，跪在神面前，在赐下悔改之灵的圣灵的作工中，以耶稣基督的名献上祷告。

我说要到圣殿里悔改，并不是说来圣殿之前就不用悔改直等到圣殿。当然，一旦意识到做错了，就应该立即悔改回转。这里要到圣殿悔改，是关于安息日，即主日的话语。

在旧约时代，只有受膏的祭司才能与神交通，但在今天圣灵住在每个人心里，当作圣殿，所以我们可以在圣灵的作工中与神祷告交通。悔改祷告也可以在圣灵的作工中自己做。但是，只有圣守主日时，这一切祷告才变得完整。

如果是不遵守主日的人，属灵上就没有作为神儿女的凭据，那么即便自己悔改也不能得赦。当意识到犯罪时，不仅要自己悔改，主日还要来到神的殿里，在神面前正式献上忏悔祷告，才能确实被神悦纳。

把血抹在香坛的四角后，再把公牛所有的血倒在会幕门口，燔祭坛的脚那里。这是将祭牲的生命之血完全献给神的行为，在属灵上意味着我们以完全献身的心悔改。在神面前犯罪后，为了得到饶恕，就当尽心尽意尽力尽赤诚悔改。如此，献上真诚的悔改的人，不敢再在神面前犯同样的罪。

接下来，祭司取下公牛所有的脂油，与平安祭公牛上所取的一样，烧在燔祭坛上，公牛的皮和所有的肉，并头、腿、脏、腑、粪，就是全公牛，要搬到营外洁净之地，倒灰之所，用火烧在柴上（利4:8-12）。焚烧全公牛意味彻底治死自我单单活在真理中。

取赎罪祭牲脂油的方法，与平安祭一样。把脂油烧在燔祭坛上，告诉我们只有尽心尽力尽赤诚尽生命的悔改，才能被神悦纳。

燔祭的祭物要全烧在坛上，赎罪祭则不同，除了脂油和腰子以外，其他的搬到营外洁净之地，倒灰之处，用火烧在柴上，其理由是什么呢？燔祭是属灵的礼拜，是神所悦纳的祭祀，也是为了与神交通而献上的祭祀，因此在圣殿内的祭坛上焚烧。与此不同，赎罪祭的祭物是为了代赎污秽的罪而献的，因此不能在圣殿内焚烧，而是要在离百姓生活区域相隔甚远的地方完全焚烧。

在今天，我们也当完全脱去在神面前悔改的罪恶，使其远离我们的生活。骄傲、自尊心、世界存留的旧习、不合乎神旨意的情欲的事，这些全都要在圣灵的火中焚烧掉。这样焚烧的祭牲，即公牛背负了按手之人的罪，从此以后，我们自己当成为神所悦纳的火祭，即公牛。

为此，我们当怎么做呢？前面解释了在属灵上牛的属性与为了代赎我们的罪而死的耶稣的属性相同。因此，我们悔改，祭物全烧在坛上了，从此以后就要像献给神的祭牲一样，也要像成为赎罪祭物的耶稣一样，更新变化才行。要勤勤恳恳地代替主侍奉羊群，让他们放下罪的重担，只供应真理与善。用眼泪、忍耐和祷告献身，帮助他们开垦心田，使他们变化为圣洁神真正的儿女。

这时，神会认证你的悔改是真实的悔改，并引导你走向蒙福的道路。即使不是主的仆人，信主的我们也当像祭司一样完全，成为神真正的儿女，正如彼得前书2章9节所说："惟有你们是被拣选的族类，是有君尊的祭司，是圣洁的国度，是属神的子民。"

赎罪同时也要伴随在神面前奉献礼物的行为。如果是深深反省错误和悔改的人，当然会受奉献的主管，当行为跟上时，才算是真正赎罪的衷心。

全会众的赎罪祭

以色列全会众若行了耶和华所吩咐不可行的什么事，误犯了罪，是隐而未现，会众看不出来的，会众一知道所犯的罪就要献一只公牛犊为赎罪祭，牵到会幕前（利4:13-14）。

全会众犯了罪，就今天而言，就是整个教会都犯了罪。例如，以主仆、长老、劝事等人为中心分门结党，引发纷争。那么，大部分圣徒会被卷入这场不义的纷争，彼此揭人之短，心怀情绪，整个教会在神面前犯罪，建立厚的罪墙。

神说要爱仇敌，彼此服侍，彼此谦卑，要追求与众人和睦，并要追求圣洁。可是若主仆和羊群之间，或信心的弟兄之间彼此不合，彼此对立，那么，这在神面前是多么亏欠的事呢？若在教会内发生这种事情，就不能得到神的保守，要么复兴停止，要么圣徒们的家庭或事业遇到困难，祝福受阻。

那么，全会众的罪该如何得到赦免呢？全会众觉察到所犯的罪，就要献一只公牛犊为赎罪祭，牵到会幕前，会中的长老就要在耶和华面前按手在牛的头上，将牛在耶和华面前宰了，以献祭司的赎罪祭一样的方法献上。祭司和全会众的赎罪祭祭物都是一样有价值的公牛犊，这意味着在神眼里祭司和全会众犯的罪所占比重相同。

祭司的赎罪祭物是没有残疾的公牛，但会众的赎罪祭物未要求献上没有残疾的公牛，而只是公牛。这是因为全会众很难众志成城，一心一意以感恩之心甘心乐意献祭。

如今的教会中也存在这种现象。当整个教会犯罪需要悔改时，其中也有没有信心的人，或带着不舒服的心不悔改的人。如此，全会众很难一心一意献上没有残疾的供物，所以神施与了怜悯。也就是说，即使有一小部分人不能以完全的心献上，只要大部分圣徒悔改回转，神就会悦纳其赎罪祭，饶恕全会众的罪。

全会众犯罪献赎罪祭时，会众不能一个一个按手，所以由百姓的长老代表按手。在这里，按手在牛的头上，意味着就像牛替人驮担子，耕田，提供肉等只给人带来益处一样，我们也要效法基督的忍耐和忠诚。

其余的程序与祭司的赎罪祭相同。祭司把指头蘸于血中，在耶和华面前对着圣所的幔子弹血七次，并把血抹在香坛的四角上，取下所有的脂油烧在燔祭坛上，将全公牛搬到营外洁净之地，倒灰之所，用火焚烧，这些程序与祭司的赎罪祭程序是一样的。这些程序的属灵意义是要完全脱离罪。然后在神的殿里，以耶稣基督的名，在圣灵的作工中献上悔改祷告，使悔改正式被神悦纳。如此，全会众齐心协力悔改以后，不要再有犯罪的事。

官长的赎罪祭

利未记4章22-24节记载："官长若行了耶和华他神所吩咐不可行的什么事，误犯了罪，所犯的罪自己知道了，就要牵一只没有残疾的公山羊为供物，按手在羊的头上，宰于耶和华面前，宰燔祭牲的地方，这是赎罪祭。"

官长在百姓中也算是领头的人，虽在地位上比祭司低，但在位格上还是跟平民有区别。因此，官长献的赎罪祭供物是公山羊，小于祭司献的公牛，大于平民献的母山羊。

这在今天的教会中是作为群羊头领的机关长或区域长,以及教导羊群的教师等的赎罪方法。他们在神面前是区别于一般圣徒或初信徒的,因此即使犯了同样的罪,悔改祭物也要献上大于一般圣徒犯罪时献的供物。

官长要牵一只没有残疾的公山羊为供物,按手在羊的头上,把自己的罪转嫁于公山羊后,宰于耶和华面前。祭司要用指头蘸些赎罪祭牲的血,抹在燔祭坛的四角上,把血倒在燔祭坛的脚那里,所有的脂油都要烧在坛上,正如平安祭的脂油一样,这样他的罪必蒙赦免。

与祭司不同,官长的悔改不用对着圣所的幔子弹血七次,而只是抹在燔祭坛的四角上,以示悔改,神就会悦纳。这是因为祭司和官长的信心层次不同。以祭司为例,祭司是悔改后不能再犯罪,所以必须弹血七次,表示完全,因为七就是完全数。

官长的情况则不同,官长悔改后可能会不小心再次犯罪,所以没有要求说弹血七次。这是神的爱和怜恤的流露,就是根据每个人的信心水准接受悔改并给予饶恕。到目前为止,在解释祭司和官长的赎罪祭时,分别用主仆，领头工人的概念进行了说明。这不仅仅意味着职分，也意味着信心的分量。

若是主仆，理当是成就圣洁后，凭着这信心引导羊群，若是担负使命的机关长、区域长或教师等群羊的头领，即使还没有完全圣洁，也应该与一般圣徒的信心层次不同。因此，即使从表面上看起来犯了同样的罪，但在神看来罪的轻重各不相同，神希望得到的悔改的水准也有所不同。

但这并不意味着可以抱着"我的信心还不完全，即使以后再犯错神也会原谅我"的心态悔改。在神面前悔改后可以得到赦免的情况如下：不是明知故犯，而是在不知情的情况下犯罪，后来醒悟时请求饶恕的情况。另外，若犯罪后悔改了，就应该如火般祷告，竭尽全力不再犯同样的罪，神才会悦纳其悔改。

平民的赎罪祭

平民意味着信心小的圣徒，即普通羊群。平民犯罪时的信心尚小，因此赎罪祭的比重比祭司或官长小。赎罪祭的供物比公山羊低一个等次，即无残疾的母山羊，祭司要用指头蘸些羊的血，抹在燔祭坛的四角上，所有的血都要倒在坛的脚那里，正如官长的赎罪祭一样。

虽然信心尚小，以后可能还会犯同样的罪，但若犯罪当时撕心裂肺悔改，神就会怜悯并饶恕。另外，既然要求献上无残疾的母山羊，可见比起献上公山羊或公牛，更容易得到饶恕。但这并不意味着可以适当地悔改，当以不再犯罪的心志献上真诚的悔改才能得到饶恕。

即使是信心软弱的人，若领悟罪后认罪悔改，并竭尽全力不重蹈覆辙，那么原本犯错10次，下次就会减少到5次，3次，最终会完全离弃。如此，当以信心结出悔改的果子时，神才会悦纳其悔改，若只是口头悔改，心里并不想回头，即使是初信徒也不能得到饶恕。

即使是信心弱小的初信徒，当发现罪时立刻悔改，并殷勤地离弃时，神就会喜悦并视为可爱。不仅是悔改，在祷告、礼拜，以及信仰生活的所有领域里，不该带着"我的信心只是这种程度，只要做到这种程度就可以了"的心态，而是要努力做到力所能及以上时，才能得到更多的爱和祝福。

受家境所限，不能献母山羊，就要献一只没有残疾的母羊（利4:32），若家境贫穷不够献羊羔的，就要献两只斑鸠或两只雏鸽，若贫穷到连两只斑鸠或雏鸽都献不了，就要献细面（利5:11）。公义的神会根据每个人的情况和信心分量来区分和悦纳赎罪祭的供物。

到目前为止，我们通过察看根据职分献上的赎罪祭，了解了犯罪时如何才能赎罪，并与神成就和睦。愿大家时常铭记自己的职分，并常常察看自己的信仰状态，若发现有与神隔绝的罪墙，就当彻底悔改，与神成就和睦。

第七章

赎愆祭

人若在耶和华的圣物上误犯了罪，有了过犯，
就要照你所估的，按圣所的舍客勒拿银子，将赎愆祭牲，
就是羊群中一只没有残疾的公绵羊，
牵到耶和华面前为赎愆祭。

利未记5章15节

赎愆祭的意义

赎愆祭是有关犯罪后对其罪进行补偿的祭祀法。若是神的百姓犯罪了，就当献赎罪祭，在神面前悔改。但根据罪的种类，有时不仅要心里悔改，同时还要对自己所犯的错误担起责任。

例如，借用了朋友的物件，却不小心损坏了它，这时就不能只说对不起。不但要道歉，还要给朋友赔偿。若不能赔偿同样的东西，就应该为所造成的损失给予相应的赔付，这才算是真实的道歉。

如此，为弥补错误而赔偿或负责任的行为就是赎愆祭，这在神面前悔改时也一样。得罪弟兄，使弟兄产生损失时，需要适当的补偿。同样，犯罪得罪了神，也需要拿出与悔改相称的合乎的行为，才能完全得赦免。

必须献赎愆祭的情况和方法

1）证人做假见证时

利未记5章1节记载："若有人听见发誓的声音（或作"若有人听见叫人发誓的声音"），他本是见证，却不把所看见的，所知道的说出来，这就是罪，他要担当他的罪孽。"作为证人即使发誓要说真话，有时也会在事关自身利益的情况下不说真实的话。

例如，假设自己的孩子犯了罪，无辜的人受牵连被诬陷为犯人。若你是此案的证人，你能说出真实的证词吗？若为了袒护自己的孩子闭口不言而让无辜之人受害。那么，即使人不知道你徇私隐情，但神却了如指掌。因此，证人必须根据对事实的所见所闻说出正确的证词，以实行公正的审判，以免有人蒙受不白之冤。

这在日常生活中也是一样的，很多人不能正确传达耳闻目睹的，而在自己的判断中误传，这种情况时有发生。有些人说虚假证词，没看到的装看到一样，使清白无辜之人含冤受屈。人若知道行善，却不去行，这就是他的罪了（雅4:17）。懂真理的神的儿女要分辨真理，正确作证，以免使对方陷入困境或遭受池鱼之殃。

若我们心里有善和真实，就会在凡事上实话实说。不口出恶言，也不会歪曲事实或答非所问。若拒绝陈述或做假见证，对他人造成伤害，就要对此献上赎愆祭。

2）若触碰到不洁的东西
利未记5章2-3节记载："或是有人摸了不洁的物，无论是不洁的死兽,是不洁的死畜,是不洁的死虫,他却不知道,因此成了不洁,就有了罪。或是他摸了别人的污秽,无论是染了什么污秽,他却不知道,一知道了就有了罪。"

不洁净的东西在属灵上指从真理的角度来看一切不正确的行为。不仅包括看、听和说的方面,还包括一切身心灵的感受。在不知道真理的时候,不会认为这是罪,但认识真理以后,便领悟到,从神的观点来看,那是不合乎的。例如,在不认识神的时候,即便在媒体里接触到有关暴力或淫秽的内容,也不知道那是不对的,然而在过信仰生活时意识到这不符合真理。如此,若对照真理觉察到违背真理的行为,就应该在神面前供认不讳,并献上赎愆祭。

但是在过信仰生活中,也有无意中看到或听到恶。当然,无论看到什么,听到什么,只要能守住自己的心那就最好不过了。但在接触非真理时,有时不能守住自己的心,或许同感受一起接受了。即便如此,只要意识到就要立即悔改,并献上赎愆祭。

3)冒失发誓时
利未记5章4节记载:"或是有人嘴里冒失发誓,要行恶、要行善，无论人在什么事上冒失发誓，他却不知道，一知道了，就要在这其中的一件上有了罪。"神不仅禁止了"要行恶"的发誓，也禁止了"要行善"的发誓。

那么，神为何禁止发誓呢？禁止发誓"要行恶"是理所当然的，但为何连"要行善"的发誓都禁止呢？这是因为人并不能100%遵守自己的誓言（太5:33-37；雅5:12）。在真理中得以完全之前，人的心会随着自己的利益和感情而变化，无法守住酌定的心。另外也有这种情况，仇敌魔鬼撒但为了抓住控告的把柄，用各种方法来拦阻，使其无法遵守誓言。举个极端的例子，若信誓旦旦发誓"明天要做什么"，但今天突然遭遇死亡，那你怎么能信守承诺呢？

由此看来，在恶事上当然不该发誓，即便是心意已决要做善事，也不应该起誓，而是要向神祷告求得能力。例如，即便你决意断不停止祷告，也不该起誓"从现在开始每晚参加祷告会"，而是要祷告"求神帮助我每天不停止祷告，不要让仇敌魔鬼撒但拦阻我"，如此要求得神的能力。若非如此，你只是草率地发誓了，就应该认罪，并献上赎愆祭。

凡属于上述三种情况中的一样，就该要因所犯的罪，把他的赎愆祭牲就是羊群中的母羊，或是一只羊羔，或是一只山羊牵到耶和华面前为赎罪祭。至于他的罪，祭司要为他赎了（利5:6）。

在说明赎愆祭时，突然提及赎罪祭，是因为需要献上赎愆祭的事上，必须同时献上赎罪祭。赎罪祭是犯罪时，在神面前悔改，并完全从罪中转离。不但要回心转意，若是对所犯之过需要负责时，就应该赔偿或以某种方式承担责任，使悔改显得完整，这就是赎愆祭。

不但要赔偿，还要在神面前悔改，因此在献赎愆祭时，还要同时献赎罪祭。尽管只是对人有过，但作为神的儿女，也是犯了不该犯的罪，所以也要向神悔改。

例如，欺骗弟兄，侵占了他的财产，日后若想悔改，就当首先在神面前痛悔认罪，离弃贪心和虚假的心。其次，向人也要悔改求得饶恕，不仅是口头上认错，还要补偿自己给对方造成的损失。若在神面前悔改回转属于赎罪祭，那么，求得弟兄原谅并赔偿的行为就属于赎愆祭。

利未记5章7节记载，在献上与赎愆祭并行的赎罪祭时，就要献上一只母羊或山羊，若财力不够献母羊或山羊时，就要因所犯的罪，把两只斑鸠或是两只雏鸽带到耶和华面前为赎愆祭。之所以献两只，是因为一只要作赎罪祭，一只要作燔祭。

那么，用鸽子献赎罪祭时，为什么要求同时献燔祭呢？燔祭是指遵守安息日，即指主日献上的属灵礼拜。因此，将赎罪祭的鸽子与燔祭一同献上，说明人的悔改是在圣守主日时才真正完成。也就是说，完整的悔改是指不仅要在意识到犯罪的瞬间悔改，还要在主日来到神的殿中痛悔认罪。

若是贫穷至极，连鸽子都献不了，就要献上细面伊法（约22升）十分之一为赎罪祭。赎罪祭等于就是赦罪祭，因此理当献上血祭，但若过于贫穷而无法献上牲畜的情况下，神施与怜悯，哪怕是献上细面，也要打开罪得赦免的路。

以细面作为赎罪祭时，与作为素祭时的细面有所不同。作为素祭献上的细面，为了使供物芬芳润泽，一定要加上油和乳香，但作为赎罪祭献上的细面，是不加油和乳香。为什么呢？因为在坛上焚烧赎罪的祭物与焚烧罪的意义相同。

在细面中不加上油和乳香，从属灵的角度来看，是在告诉我们，来到神面前悔改的人，当有什么样的心态和姿态。列王纪上21章27节记载，在神面前悔改时，撕裂衣服，禁食，身穿麻布，睡卧也穿着麻布，并且缓缓而行。若真是如此撕心裂肺悔改，当然会谨慎节制，谨言慎行，在神面前极其降卑自己。

4）在圣物上误犯了罪，或给弟兄造成损失时

利未记5章15-16节记载："人若在耶和华的圣物上误犯了罪，有了过犯，就要照你所估的，按圣所的舍客勒拿银子，将赎愆祭牲，就是羊群中一只没有残疾的公绵羊，牵到耶和华面前为赎愆祭；并且他因在圣物上的差错要偿还，另外加五分之一，都给祭司。祭司要用赎愆祭的公绵羊为他赎罪，他必蒙赦免。"

耶和华的圣物是指神的圣殿建筑或圣殿内的所有器物。属于圣洁神之物而分别为圣的东西，即使是主的仆人，也不能随意拿走或处理，献此物之人也不能随意使用。这不仅适用于圣物，还适用于整个圣殿。圣殿是神特别分别为圣的圣地。

在圣殿内要禁止说非真理的话，以及属世的言语。若有年幼的子女，就应该好好教育孩子，避免在圣殿内玩耍，搞恶作剧，浪费、玷污或毁损圣物的事情发生。

当神的圣物因人的失误或过错而破损时，应由毁损的人进行赔偿，并用比以前更好、更完整、毫无瑕疵的东西来还原。不是只赔偿损失的金额，还要加上五分之一献赎愆祭，这是为了提醒我们对待神的圣物时，一定要谨慎行事，时刻谨慎，不要误用或毁损，万一不小心造成损失时，当发自内心悔改，并赔偿超出损失的金额。

利未记6章2-5节记载，当有人在邻舍交付他的物上，或是在交易上行了诡诈，或是抢夺人的财物，或是欺压邻舍，或是在捡了遗失的物上行了诡诈，说谎起誓，在这一切的事上犯了什么罪，该如何做才能罪得赦免。这是针对信神之前的过犯进行悔改，或无意中取了别人的东西后，自己意识之后悔改并得到赦免的方法。

这样的罪要得赦免，不仅要物归原主，还要加上物品价值的五分之一返还给主人。在这里，五分之一并不意味着一定要算得如此精准，而是意味着你要作出发自肺腑的悔改的行为，神就会赦免其罪。例如，有时无法一一计算过去所犯的一切罪，并准确地予以偿还。在这种情况下，只要以后努力拿出悔改的行为即可。辛勤工作赚来的钱用在扩张神国度的事情上，并救济贫困的人，如此积累悔改的行为时，神会承认其衷心并赦免其罪。

我们当铭记，在献赎愆祭或赎罪祭时，最重要的是悔改。神所要的不是肥牛，而是痛悔的心灵（诗51:17）。因此，我们在敬拜神时，也要以深深悔改罪恶的心灵，结出与悔改相称的果子。愿大家按照神所喜悦的方式献上礼拜和供物，将自己的人生当作神所悦纳的火祭献给神，时常生活在神丰盛的爱和祝福中。

第八章

将身体献上,当作活祭

所以弟兄们，我以神的慈悲劝你们，
将身体献上，当作活祭，是圣洁的，是神所喜悦的，
你们如此侍奉，乃是理所当然的。

罗马书12章1节

所罗门献的一千燔祭与祝福

所罗门20岁登上王位，真是年少有为。他从小就接受拿单先知的信仰教育而成长，他热爱神并遵循父亲大卫的法度行事。登上王位后，他诚心诚意向神献上一千燔祭。

献上一千燔祭绝非易事。旧约时代的祭祀在场地、时间、祭物、祭祀方法等方面有很多的规矩。另外，所罗门的身份有别于普通百姓，所以随从的人多，献给神的祭物也很多，因此必须要选择宽阔的场地。所罗门吩咐以色列千夫长、百夫长、审判官、以色列众首领与族长都来。所罗门和会众都往基遍的邱坛去，因那里有神的会幕，就是摩西在旷野所制造的。

所罗门和会众上到耶和华面前会幕的铜坛那里，献一千牺牲为燔祭。燔祭是焚烧作为祭物带来的牲畜，以馨香之气献给神的祭祀法，因为牺牲生命，所以意味着完全的牺牲和献身。

当夜，神向所罗门显现，对他说："你愿我赐你什么，你可以求。"（代下1:7）

所罗门对神说："你曾向我父大卫大施慈爱，使我接续他作王。耶和华神啊，现在求你成就向我父大卫所应许的话，因你立我作这民的王，他们如同地上尘沙那样多。求你赐我智慧聪明，我好在这民前出入，不然，谁能判断这众多的民呢？"（代下1:8-10）

所罗门并不求资财丰富尊荣，也不求灭绝那恨他之人的性命，又不求大寿数，只求智慧聪明好治理百姓。神喜悦他所求的，不但赐给他智慧和知识，连他没求的资财丰富尊荣也富富有余地赐给他。

"我必赐你智慧聪明，也必赐你资财丰富尊荣。在你以前的列王都没有这样，在你以后也必没有这样的。"（代下1:12）

如此，当我们献上神所悦纳的属灵礼拜，神必会祝福我们灵魂兴盛，凡事兴盛，身体健壮。

从帐幕时代跨越到圣殿时代

所罗门的父亲大卫王建立了统一王国，当国泰民安时，有一件事始终令他耿耿于怀。因为直到那时，一直还没有神的圣殿。自己住在香柏木的宫中，耶和华的约柜反在幔子里，他心急如焚，想要建造圣殿。但神不允许他建圣殿，因为大卫在战争中流了多人的血，不合适建造神圣洁的殿。

"只是耶和华的话临到我说,你流了多人的血,打了多次大仗,你不可为我的名建造殿宇,因为你在我眼前使多人的血流在地上。"(代上22:7)

"只是神对我说,你不可为我的名建造殿宇。因你是战士,流了人的血。"(代上28:3)

大卫王虽然没有实现建造圣殿的梦想,但他以感谢的心顺从神的话语,并为下一任所罗门王建造圣殿做好万全的准备,就是预备金、银、铜、宝石、香柏木等建筑材料。

所罗门即位4年后,决意遵照神的旨意建造殿宇,开工建造在耶路撒冷的摩利亚山上,7年后完工。以色列百姓出埃及480多年后,神的圣殿才被建造。所罗门将帐幕内的法柜(约柜)和所有圣器具都搬到殿里。

祭司将约柜抬进圣殿的至圣所后出来时,神的荣耀充满了圣殿,"甚至祭司不能站立供职,因为耶和华的荣光充满了殿。"(王上8:11)至此,帐幕时代结束,圣殿时代正式开启。

所罗门在献殿的祷告中说道，若百姓犯罪得罪神，无论遇到什么样的灾殃，只要回心转意，在这殿里祈求祷告，求神在天上垂听，赦免百姓的罪。

"你仆人和你民以色列向此处祈祷的时候，求你在天上你的居所垂听，垂听而赦免。"（王上8:30）

所罗门王深知建造殿宇献给神是多么蒙神悦纳，以及蒙神祝福的事，所以能如此大胆地祷告神。神垂听了他的祈求，以惊人的祝福的约言给予回应。

对他说："你向我所祷告祈求的，我都应允了。我已将你所建的这殿分别为圣，使我的名永远在其中，我的眼、我的心也必常在那里。"（王上9:3）

今天，我们在神所在的圣洁的殿里，尽心尽意尽赤城献上礼拜时，神就会遇见我们，并应允我们的心愿。

属灵礼拜和属肉礼拜

通过圣经，我们可以得知也有神不接受的礼拜。根据礼拜之人的衷心如何，有神接受的属灵礼拜，也有神不接受的属肉礼拜。

创世记4章记载，不顺从的亚当和夏娃被赶出伊甸园后生了子女，长子是该隐，弟弟是亚伯。他们长大成人后向神献祭，该隐种庄稼，拿地里的出产为供物献给耶和华，亚伯也将他羊群中头生的和羊的脂油献上。神看中了亚伯和他的供物，只是看不中该隐和他的供物。

神只接受亚伯的祭物，其理由是什么呢？献给神的祭祀必须是血祭，因为根据灵界的法则只有血才能赎罪（来9:22）。因此，旧约时代以牛或羊等牲畜当作祭物，到了新约时代，神之羔羊耶稣流血献身成为了挽回祭。

希伯来书11章4节记载："亚伯因着信，献祭与神，比该隐所献的更美，因此便得了称义的见证，就是神指他礼物作的见证。他虽然死了，却因这信，仍旧说话。" 也就是说，亚伯是按照神的旨意献了血祭，所以神才接受，但该隐不是按照神的旨意献祭，所以神才不接受。

利未记10章1-2节记载，亚伦的儿子拿答，亚比户在耶和华面前献上凡火，是耶和华没有吩咐他们的，就有火从耶和华面前出来，把他们烧灭，他们就死在耶和华面前。此外，在撒母耳记上13章记载，扫罗王因冒犯撒母耳的祭司职务而被神弃绝的场景。扫罗王在与非利士人交战之前，因撒母耳先知没有按规定的期限来，所以自己出面向神献祭。刚献完祭，撒母耳先知就到了。扫罗辩解说，因为我见百姓离开我散去，你也不照所定的日期来到，所以不得不自己献祭。对此，撒母耳责备扫罗说"你作了糊涂事了"，并告诉他神已弃绝他。

玛拉基书1章6-10节说，以色列人祭祀神的时候，没有献上最好的东西，而是献上对自己没有用的东西，因此神责备他们，并告诉他们即便具备了宗教形式，但不接受没有心意的礼拜。换今天来说，这意味着神不接受属肉礼拜，而只接受属灵礼拜。

神悦纳人以心灵与诚实献上的属灵礼拜（约4:23-24），并赐予祝福使其成就公义、怜悯和信实。耶稣作工当时的法利赛人和文士也严格遵守了长老的遗传，但其衷心并不是真正敬拜神，所以耶稣严厉责备他们（太15:7-9, 23:13-18）。神不接受按照自己的方式献上的礼拜。

礼拜要遵循神所吩咐的原则献上。从这一点来看，基督教与外邦宗教有着明显的区别，因为外邦宗教是根据自己的需要制定礼拜，并以满足自己心灵的方式进行礼拜。属肉的礼拜只是来到圣殿参与礼拜的仪式，而没有其他的意义。属灵的礼拜是爱神的儿女以心灵与诚实参与礼拜,并发自内心敬拜神。如此,即使在同一时间,同一空间做了礼拜,根据人的衷心如何,有神接受的礼拜,也有神不接受的礼拜。就算来到圣殿参加礼拜,若神说"没有接受你的礼拜",那就毫无意义。

将身体献上,当作活祭

我们当敬拜神,为此我们被呼召。若我们存在的理由是为了荣耀神,那么,我们人生的焦点就应该是礼拜,应当以献礼拜的姿势过好生活的每一瞬间。神所悦纳的圣洁的活祭,即以心灵与诚实献上的礼拜,并不是指从周一到周六随心所欲地生活,然后就去参加一次主日礼拜。

去教会做礼拜只是礼拜生活的延续。与生活分离的礼拜不是真正的礼拜,因此我们要过属灵礼拜的生活,将我们的整个人生献给神,不仅要来到圣殿按照适当的程序和意义献上美丽的敬拜,还要在每天的生活中遵守神的一切律例,过圣洁的生活。

罗马书12章1节记载:"所以弟兄们,我以神的慈悲劝你们,将身体献上,当作活祭,是圣洁的,是神所喜悦的，你们如此事奉，乃是理所当然的。" 就像耶稣牺牲自己，作为挽回祭物拯救全人类一样，神也希望我们将身体献上，当作活祭。

因为与神一体的圣灵居住在我们心中，所以不仅是看得见的建筑物是圣殿，我们自己也是神的圣殿（林前6:19-20）。因此，我们当在真理中每天要更新变化，守护自己成为圣洁。心中充满话语、祷告和赞美，无论做什么都以敬拜神的心去做时，就是将身体献上，当作活祭，是圣洁的，是神所喜悦的。

在遇见神之前，长期的病榻生活夺走了我所有的盼望。7年卧病在床，负债累累，医疗费早已无力承担，生活被贫穷所迫。但遇见神之后，一切都变了。神一下医治了我所有的疾病，我开始了新的生活。

因感念神的恩典，我第一爱神。一到主日，我就凌晨起床，沐浴更衣，内衣也是换上干干净净的。即使是周六晚上穿了一小会儿的袜子，主日也一定不会继续穿，外衣也是穿上最干净得体端庄的。

这并不意味着来礼拜时要刻意浓妆艳抹。若真心相信神并发自内心爱神，那么来敬拜神时自然而然会精心准备。即使能力有限，衣服不多，但在自己所处的环境下用心准备是任谁都可以做到的。

献给神的奉献金也总是用新钱准备，每当有新钱时，我都会拿出来单独保管。即使再怎么急需用钱，我也绝对不会碰为了奉献而区分保管的钱。旧约时代献祭时，虽然根据每个人的财力，献上的供物有等次之分，但每个人都一定会准备供物来到祭司面前。因为在出埃及记34章20节记载："谁也不可空手朝见我。"

我照着复兴讲师教导的，礼拜时，不管多少，都一定会准备奉献金。虽然债台高筑，即使夫妻俩赚钱连利息都很难还上，但献给神的时候，从来没有吝啬过，更没有后悔过。因为是用在拯救灵魂和扩张神国度的事情上，怎会后悔呢！

神看到了我的诚心，时候一到就祝福我，让我一下偿还那么多的债务。我祷告神让我能成为一名优秀的长老，救济穷人，帮助孤儿寡妇和病人。但是意料之外，神呼召我为主仆，引导我成为拯救众多灵魂的主仆，并使教会成长为大型教会。虽然没有成为长老，但真正令我感谢的是，神赐予我超乎我所求的，就是赐给我权能医治无数病人，救济穷人。

直到成就基督的形象

生儿育女的父母不辞辛苦,甘愿用爱真诚的付出,这在属灵上也是一样的,照看灵魂,以真理喂养,直到基督形成在心里为止,需要付出很多的辛劳、忍耐和牺牲。使徒保罗在加拉太书4章19节告白说:"我小子啊,我为你们再受生产之苦,直等到基督成形在你们心里。"

我深知视一个灵魂比天下更珍贵,愿万民走上得救之路的神的心,所以为了引导更多人得救,进而引领他们进入最好的天国——新耶路撒冷而不断努力。怎样才能帮助圣徒们的信心成长,满有基督长成的身量,为此我只要一有空就祷告并装备话语。有时我也想与圣徒们见面,愉快地交谈,但作为牧者,我身负正确引导羊群的责任,所以在凡事上节制,承担使命。

我对圣徒们的期望有两样:第一是众多圣徒不要止步于得救,而是迈进最为荣耀的天国——新耶路撒冷,第二是所有圣徒能够脱去贫穷,过上富裕的生活。教会越复兴,就有越多需要救济和得医治的圣徒,从属肉上看,一一在他们身上花费心思并不容易。

但是，最让我痛苦的是圣徒们犯罪的时候。因为我知道犯罪就与新耶路撒冷相去甚远，有时候连得救都很难，而且只有拆除罪墙才能病得医治。为了犯罪的圣徒们能够得救，在与神摔跤的过程中，夜不能寐，与痉挛争战，流尽眼泪，哀恸至极，沥尽心血，在这样的岁月里我积累了无数的禁食和祷告。

神悦纳了这一切的劳苦，赐恩典给那些实在难以得救的人，使他们能够悔改得救，这种情况不计其数。另外，神也拓宽了救赎之门，以便让全世界无数灵魂也能接触到圣洁的福音和权能。看到圣徒们在真理中茁壮成长，我身为牧会者感到无比的欣慰。正如无瑕无疵的圣洁的主牺牲自己成为馨香的祭物一样（弗5:2），我也为神的国度和灵魂，将自己献上成为圣洁的活祭而竭尽生命。

在父母节里，年幼的子女将彩纸做的康乃馨戴在父母胸前时，父母感到无比的幸福。虽然花的形状不怎么好看，但因为是心爱的子女做的，所以才高兴。当然，随着孩子长大，爱父母的表现也会发生变化。神也是一样的，当儿女们以爱心竭尽心力做礼拜时，神喜悦并赐予祝福。

但这并不是说，一周可以随心所欲地生活，只要主日一天尽心尽力即可。路加福音10章27节记载：他回答说："你要尽心、尽性、尽力、尽意，爱主你的神；又要爱邻舍如同自己。"正如这话语，我们当在生活中第一爱神，将自己作为圣洁的活祭献上。愿大家以心灵与诚实做礼拜，献上美丽的心灵的馨香，凡事上得蒙神所预备的祝福，我奉主的名祝愿大家！

作者：
李载禄博士

　　李载禄博士于1974年遇见永活的真神，身上所有的疾病得到医治，从此开始尽心、尽意爱神，并以侍奉神为至上，1978年蒙召为主的仆人。1982年带领13名圣徒，仅以7000元（韩元）资金，在大韩民国首尔开创万民教会，1983年被美国《基督徒世界》杂志选为世界前五十大教会。而且，其牧会工作取得瞩目成就，广泛认可，便于1996年在爱荷华州金斯威（Kingsway）神学院荣获牧会学博士学位。万民中央教会2013年现今注册圣徒多达十二万余名，拥有国内外一万多个支、协力教会，向23个国家差遣了129名宣教士。

　　1993年后，分别在坦桑尼亚、阿根廷、美国洛杉矶、巴尔的摩、夏威夷、纽约、乌干达、日本、巴基斯坦、肯尼亚、菲律宾、洪都拉斯、印度、俄罗斯、德国、秘鲁、刚果（金）等地成功主持了联合大盛会，其盛会实况播放到全世界许多国家，被韩国基督教界新闻媒体高度评价为"世界性复兴讲师"。尤其在2009年主持了以色列联合大盛会，宣告耶稣基督是全人类的弥赛亚，此盛会播放到200多个国家。

包括此书，李载禄博士撰写了《死前见真光》、《信心的大小》、《灵魂肉（上、下）》、《天国（上、下）》、《地狱》等87本著作，被译成75种语言出版普及。

李载禄博士担任耶稣教联合圣洁会总会长、万民世界宣教会总裁、世界基督教广电传媒联网理事长、世界基督徒医生联网理事长、基督教世界复兴宣教协议会常任总裁、万民国际神学院理事长等职务。

www.ingramcontent.com/pod-product-compliance
Lightning Source LLC
LaVergne TN
LVHW021827060526
838201LV00058B/3543